NZZ LIBRO

D1662559

Wie ich die Krise erlebe

Bundesrat Alain Berset
im Gespräch mit Felix E. Müller

NZZ Libro

Bibliografische Information der Deutschen Nationalbibliothek

Die Deutsche Nationalbibliothek verzeichnet diese Publikation
in der Deutschen Nationalbibliografie; detaillierte bibliografische Daten
sind im Internet über http://dnb.d-nb.de abrufbar.

© 2020 NZZ Libro, Schwabe Verlagsgruppe AG

Umschlagfoto: KEYSTONE/Peter Schneider
Umschlagdesign: Janet Levrel, Chemnitz
Gestaltung, Satz Inhalt: Marianne Otte, Konstanz
Druck, Einband: CPI books GmbH, Leck

ISBN 978-3-907291-35-1
ISBN E-Book 978-3-907291-36-8

www.nzz-libro.ch
NZZ Libro ist ein Imprint der Schwabe Verlagsgruppe AG.

Inhalt

VORWORT

Bei der Corona-Pandemie handelt es sich ohne Zweifel um die grösste Krise, welche die Schweiz seit dem Zweiten Weltkrieg erlebt hat und noch immer erlebt. Schulen wurden geschlossen, Versammlungsverbote erlassen, Grenzen gesperrt, Homeoffice angeordnet, Läden zugesperrt, Maskentragpflichten verordnet. Dass der Staat derart massiv in den persönlichen Alltag des Einzelnen eingreift, war für die meisten Schweizerinnen und Schweizer eine völlig neue Erfahrung.

Zudem sind die negativen wirtschaftlichen Folgen der Corona-Krise beträchtlich. Viele Firmen werden diese nicht überleben. Andere kommen nur über die Runden, weil der Bundesrat enorme Mittel als Nothilfe ausschüttet. Vor allem aber hat Corona bereits über 2700 Menschen in der Schweiz das Leben gekostet. Und dass manche der Erkrankten, die überlebt haben, dauerhafte gesundheitliche Schäden davontragen werden, ist durchaus möglich.

Wie in vielen anderen Ländern, so reagierte auch die Bevölkerung in der Schweiz sehr unterschiedlich auf diese aussergewöhnliche Situation. Einerseits forderten Besorgte von den Behörden strengere und noch einschneidendere Massnahmen. Anderen wiederum gingen die Anordnungen des Bundesrats bereits viel zu weit. Schliesslich formierte sich auch hierzulande eine lautstarke Gruppierung von Corona-Skeptikern, die hinter Corona eine Verschwörung einer globalen Elite wittert und vor der Ankunft einer Weltdiktatur warnt. Solch abstruse Theorien zeigen deutlich, wie stark Corona viele Menschen verunsichert hat.

Mitten in diesem Sturm stand und steht Bundesrat Alain Berset. Ihm obliegt es als Gesundheitsminister, die Strategie zur Bekämpfung der Pandemie auszuarbeiten und dem Bundesrat zu beantragen. Für den 1972 geborenen SP-Politiker aus dem Kanton Freiburg stellt diese Krise die grösste Bewährungsprobe dar, die er bisher in seiner Karriere als Politiker erlebt hat. Berset wurde relativ jung in die Landesregierung gewählt. Über Erfahrung in einer Exekutive verfügte er nicht, was die Bewältigung von Krisensituationen nicht unbedingt vereinfacht. Berset erhielt anfänglich fast nur Lob für sein Krisenmanagement. Er war für die Schweizer Bevölkerung – neben dem Chef der Abteilung Übertragbare Krankheiten im Bundesamt für Gesundheit, Daniel Koch – die Autorität, die das Land durch die Krise steuern sollte. Später allerdings nahm die Kritik zu. Er fand sich in der klassischen Situation, dass den einen die Massnahmen des Bundesrats zu weit und den anderen im Gegenteil zu wenig weit gingen.

Wie ging Alain Berset damit um? Warum hat er gewisse Massnahmen ergriffen und gewisse nicht? Wie ist er mit der grossen Belastung umgegangen? Wie funktionierte der Bundesrat im Krisenmodus? Solche Fragen hat der Autor dem Chef des Departements des Innern gestellt, aber auch über die längerfristigen Folgen diskutiert, welche die Corona-Krise haben könnte. Hat diese unser Verhältnis zum Staat verändert? Hat der Föderalismus versagt? Ist Regieren per Notrecht demokratiepolitisch nicht heikel?

In fünf ausführlichen Interviews gewährte Alain Berset einen Einblick in das Funktionieren der Landesregierung, aber auch in seine persönlichen Überzeugungen, welche die Corona-Massnahmen des Bundesrats mitgeprägt haben. So lässt sich der Bundesrat besser verstehen, der für die Schweiz eine Schlüsselrolle in der Bewältigung der Corona-Krise spielt.

Die fünf ausführlichen Interviews fanden zwischen dem 20. August und 11. November 2020 in Bern statt. Der Autor dankt Bundesrat Alain Berset, dass er sich dafür Zeit genommen hat, und seinem Kommunikationschef Peter Lauener für die Unterstützung für dieses Buchprojekt.

Zürich, 15. November 2020

TEIL 1

Ausbruch und Verlauf
einer Pandemie

Felix E. Müller: Wann haben Sie zum ersten Mal das Wort Corona gehört?
Alain Berset: Sie meinen in Bezug auf das Virus?

Ja, die Biermarke Corona dürften Sie ja seit Längerem kennen!
Anfang Januar, als ich mit der Familie Ferien machte, und zwar aus der Zeitung.

Dachten Sie, das ist ja weit weg in China und spielt für uns in der Schweiz keine Rolle?
Ich fand die Meldung etwas seltsam, habe sie aber einfach zur Kenntnis genommen, weil ja solche Vorkommnisse nicht ganz selten sind. Doch danach folgten sehr rasch neue Informationen, allerdings nicht mehr aus den Zeitungen, sondern aus dem Bundesamt für Gesundheit (BAG).

Wann meldete sich das BAG zum ersten Mal mit diesem Thema bei Ihnen?
Als ich nach dem Weihnachtsurlaub zurück ins Büro kam, also früh im Januar. Zuerst erfolgte die Information mündlich, danach schriftlich.

In welcher Tonalität informierte das BAG?
In einer Art und Weise, dass diese Informationen nicht im Fluss der vielen Nachrichten untergingen. Wir haben das ernst genommen, und mein Team hat weitere Auskünfte verlangt. Man wusste zu diesem Zeit-

punkt sehr, sehr wenig. Man wusste nicht, wie zuverlässig die Informationen aus China waren, man wusste ja zu diesem frühen Zeitpunkt nicht einmal mit Sicherheit, ob eine Übertragung von Mensch zu Mensch möglich sei.

Aber was sich da abzeichnete, ein neuartiges und offenbar sehr ansteckendes Virus, konnte ja nicht völlig neu für Sie sein. Vergleichbare Beispiele gab es in den letzten Jahren einige.
Es war eine völlig neue Situation, weil doch bald einmal die Frage, ob es sich um eine Pandemie handeln könnte, im Raum stand. Ich wusste theoretisch um das Risiko einer Pandemie, dass dies zu einem Thema für die Schweiz werden könnte. Was das in der Realität hiess, war mir aber nicht ganz klar. Erst jetzt weiss man, dass ein vergleichbarer Fall die Spanische Grippe war. Seither hat sich wohl keine Krankheit mit dieser Geschwindigkeit und in diesem Ausmass weltweit ausgebreitet.

War nicht ein Problem, dass ganz viele anfänglich dachten, es handle sich um etwas, das sich weit weg in China abspiele und nie den Weg zu uns finden würde?
Manche sahen das so. Ich wusste einfach, dass es vor einigen Jahren ähnliche Fälle wie Sars oder die Vogelgrippe gegeben hat, auf die auch die Schweiz reagieren musste. Aber Corona erschien Anfang Januar in der Tat noch weit weg. Doch bei Sars war es ja dann auch so: Plötzlich kam das Thema wegen der Basler Uhrenmesse mit ihren vielen Besuchenden aus China in der Schweiz an.

Wann haben Sie beim Corona-Virus realisiert: Jetzt wird es wohl ernst?
Noch im Januar sah ich, wie sich die Lage in China negativ entwickelte. Deshalb führte ich bereits am WEF in Davos Ende Januar Gespräche zum Thema Corona. Und eine erste ausführliche Aussprachenotiz brachte ich noch im Januar in den Bundesrat, was zeigt, dass wir uns

bewusst waren, das Virus könnte möglicherweise auch für die Schweiz ernsthafte Folgen haben. Ich sagte dann den «Global Ministerial Summit on Patient Safety» der Weltgesundheitsorganisation (WHO) ab, der am 27. und 28. Februar in Montreux hätte stattfinden sollen. Die Covid-19-Epidemie machte die Anwesenheit zahlreicher Teilnehmerinnen und Teilnehmer in ihrem eigenen Land unerlässlich. Ausserdem wollten wir eine Verbreitung des Virus verhindern.

Was war der Inhalt der Aussprachenotiz zuhanden der Landesregierung?

Es stand darin, was wir über das neuartige Virus wussten und was wir noch nicht wussten. Man wusste damals tatsächlich noch unglaublich wenig. Deswegen war es wichtig, dass wir von Anfang an sehr gut vernetzt waren. Die besten Informationen erhielten wir zu diesem Zeitpunkt von der WHO und dem Europäischen Zentrum für die Prävention und die Kontrolle von übertragbaren Krankheiten der EU (ECDC). Darauf sind wir als eher kleines Land angewiesen. Von Ende Januar an informierte ich den Bundesrat regelmässig über die Entwicklung der Lage.

Wie früh standen Sie wegen Corona in Kontakt mit der WHO?

Ich führte mit dem Generaldirektor der WHO, Tedros Adhanom Ghebreyesus, am 22. Januar im Rahmen des WEF erstmals intensive Gespräche über dieses Thema.

Man machte ja der WHO nachher den Vorwurf, aus Rücksicht auf die chinesische Regierung die Sache verharmlost zu haben. War das damals auch Ihr Eindruck?

Das ist für mich schwierig zu beurteilen. Die WHO ist angewiesen auf gute Kontakte zu den einzelnen Mitgliedländern, gerade wenn sich in einem von ihnen ein Problem entwickelt. Die WHO war jedenfalls schnell in Wuhan präsent. Mir scheint, dass die WHO sehr rasch auf den

Ausbruch der Krankheit reagiert hat. Aber ich verfüge nicht über genug gesicherte Informationen, um beurteilen zu können, ob die WHO anders und besser hätte reagieren oder kommunizieren können.

Die Eskalation der Corona-Krise trat ein, als in Norditalien die Zahl der Fälle und der Todesopfer nach oben schnellte. Wann war das?
Um den 22. Februar sah man, dass Italien die Situation in der Lombardei nicht mehr im Griff hatte. Am 25. Februar kehrte ich von einem Ministertreffen in Rom zurück. Ab dann blieb ich ständig in Bern. Dieser Austausch in Rom und die persönlichen Eindrücke, die ich so gewann, waren zentral für mein Problembewusstsein. Überhaupt muss ich betonen, wie wichtig die internationalen Kontakte für mich waren. Ich pflege eine gute Beziehung zu meinen Amtskolleginnen und -kollegen in den Nachbarstaaten. Das ist nicht einfach, denn deren Gesundheitsminister wechseln rascher als bei uns. Jens Spahn in Deutschland ist mit zweieinhalb Jahren Amtszeit – abgesehen von Mauro Pedrazzini aus Liechtenstein – der Amtsälteste. Deutlich weniger lang im Amt sind Rudolf Anschober in Österreich, Roberto Speranza in Italien und Olivier Véran in Frankreich. Das Treffen in Rom kam zustande, weil Jens Spahn ein solches anregte. Er wollte unbedingt auf Ministerebene die Situation an den Grenzen diskutieren. Obwohl Deutschland nicht an Italien angrenzt, war man in Berlin stark interessiert zu erfahren, wie die italienische Regierung die Frage allfälliger Grenzschliessungen beurteilt. So kam dieses Treffen mit den Gesundheitsministern aus Frankreich, Österreich, Deutschland, Kroatien, Slowenien, San Marino und der Schweiz überhaupt zustande; später stiess dann noch die zuständige EU-Kommissarin Stella Kyriakides dazu. In Rom habe ich fast physisch gespürt, was es bedeutet, wenn eine Situation ausser Kontrolle geraten ist. Das war auch der Tag, an dem der erste Corona-Fall in der Schweiz gemeldet wurde.

Die Schweizer Corona-Politik, das BAG und die Maskenfrage

Dann kamen Sie aus Rom zurück und haben Ihren Stab gefragt: Was machen wir nun?

Hauptthema waren zuerst die Grossveranstaltungen. Konnten diese noch durchgeführt werden? Der Automobilsalon in Genf sollte in wenigen Tagen eröffnet werden. Ich telefonierte mit Genf und sagte, ein Anlass mit 700 000 Besucherinnen und Besuchern aus der ganzen Welt sei doch in einer solchen Situation kaum mehr möglich. Die Antwort lautete: Es ist alles schon vorbereitet, die Ausstellungsstände sind montiert, die neuesten Automodelle sind bereits in Genf. Wir können doch nicht mehr zurück. Auch andere Grossanlässe, wie die Basler Fasnacht oder der Engadiner Skimarathon, standen an. Ich gewann den Eindruck, dass die Kantone unsicher waren, wie sie sich verhalten sollten. Ich fragte in Genf, ob es helfen würde, wenn der Bund diese Grossanlässe verbieten würde. Das BAG hatte längst ein Konzept entwickelt für den Fall, dass die Pandemie die Schweiz erreicht. Wann müssen wir welche Massnahmen ergreifen? In diesem Zusammenhang spielten Grossveranstaltungen – damals gab es ja noch keine griffigen Schutzvorkehrungen – eine wichtige Rolle, weil man da null Kontrolle über die vielen, auch internationalen Besuchenden hat. Wir bereiteten nun, gestützt auf dieses Konzept, einen Antrag zuhanden des Bundesrats für ein Verbot von Grossveranstaltungen vor, und ich bat Bundespräsidentin Sommaruga um eine Sondersitzung des Bundesrats. Solche sind sehr selten. Diese fand am Freitag, dem 28. Februar, statt.

War das der offizielle Beginn des Lockdowns?

Nein, noch nicht. Es handelte sich bloss um das Verbot von Grossveranstaltungen für über 1000 Personen. Dieses trat, nach einer ausführlichen Diskussion im Bundesrat, noch am gleichen Tag in Kraft. Ich weiss, dass das für die Betroffenen hart war. Konzerte, die an diesem Abend hätten stattfinden sollen, wurden abgesagt. Der Autosalon konnte nicht mehr durchgeführt werden, der Morgenstraich in Basel nicht, und später dann ebensowenig das Sechseläuten in Zürich. Fussballspiele waren ebenfalls nicht mehr möglich. Doch für mich gab es keine Alternative zu diesem Entscheid, obwohl dieser eigentlich meinen eigenen Prinzipien fundamental widerspricht.

An welche Prinzipien denken Sie?

Wie Sie wissen, gehöre ich nicht zu jenen, die einen möglichst schwachen Staat wollen. Aber ich lege sehr viel Wert auf Freiheit. Die Menschen sollen so leben können, wie sie möchten. Und nun musste ich dem Bundesrat genau das Gegenteil vorschlagen. Das war schwierig, aber notwendig.

Haben Sie nicht eher zu spät gehandelt? Das Tessin war für die Schweiz ein Frühindikator. Hier konnte man verfolgen, wie rasch sich das Virus ausbreitete und welche ernsthaften Folgen es für die Erkrankten haben könnte. Hat man das Tessin nicht ganz ernst genommen, weil es ja aus Deutschschweizer Perspektive weit weg ist?

Das Tessin war wegen der Nähe zu Italien tatsächlich wie eine Art Frühwarnsystem für die ganze Schweiz. Ich war aber immer der Überzeugung, dass alles, was der Bundesrat entscheidet, gut begründet und gut erklärbar sein muss. Massnahmen werden von der Bevölkerung nur akzeptiert, wenn sie nachvollziehbar sind. Macht die Bevölkerung nicht mit, sind Regeln nutzlos. Den Vorwurf, dass wir das Tessin vernachlässigt hätten, weise ich zurück. Es gab Tage, da habe ich mit dem Regierungspräsidenten Christian Vitta sicher acht Mal telefoniert.

Also alles total problemlos? Es gab doch einige Differenzen zwischen Bern und Bellinzona, die den Weg in die Medien fanden!

Es gab sicher auch Unstimmigkeiten, etwa in der Frage, ob die Schulen geschlossen werden sollten. Wir wollten die Volksschule zuerst offenhalten, die Tessiner Regierung war anderer Meinung, folgte uns aber. Doch Gemeinden im Tessin empfahlen den Eltern, ihre Kinder einfach nicht mehr zur Schule zu schicken. Da merkten wir, dass sich das nicht mehr aufrechterhalten liess, und wir haben unsere Position geändert. In einer Ausnahmesituation, in der alles ganz rasch gehen muss, lässt sich nie vermeiden, dass Entscheide korrigiert werden müssen oder ein Fehler passiert. Entscheidend ist dabei, dass man sie rasch korrigiert. Wer in einer Krise eine Nullfehlerkultur predigt, der hat nicht verstanden, was eine Krise ist. Man muss in der Krise rasch handeln, sodass die Qualität dieser Entscheidungen nicht bei 99,9 Prozent wie sonst in der Schweiz liegt, sondern bei vielleicht 90 Prozent. Es gibt also Entscheide, die nicht gänzlich ausgefeilt sind.

Weshalb haben Sie denn die Grenzen gegenüber Italien nicht früher geschlossen? So konnte sich doch das Virus im Tessin viel rascher ausbreiten.

Eine Grenzschliessung stellt beträchtliche organisatorische Anforderungen, weil sie nicht total sein sollte. Die Grenzgängerinnen und Grenzgänger sollen weiterhin bei uns arbeiten können. Das Tessiner Gesundheitswesen beschäftigt 4000 Grenzgängerinnen und Grenzgänger. Ohne diese würden Arztpraxen, Spitäler, Pflegeheime nicht mehr funktionieren. Das trifft übrigens auch für die Westschweiz zu. Es gibt dort Spitäler, wo die Mehrheit der Angestellten aus Frankreich kommt. Aber es ist wohl schon so: Wir hätten die Grenzen tatsächlich einige Tage früher schliessen können, wobei sich schwer sagen lässt, was das bewirkt hätte.

Dem Bundesrat wurde ja aus SVP-Kreisen der Vorwurf gemacht, er habe mit der Grenzschliessung gezögert, weil das die Wichtigkeit von Grenzen demonstriert hätte. Weil die Abstimmung über die Kündigungsinitiative der SVP anstand, die eine Begrenzung der Personenfreizügigkeit forderte, wäre das Munition für die SVP gewesen. Gab es solche Überlegungen?

Nein, sicher nicht. Im Gegenteil hat die Grenzschliessung ja gezeigt, dass das heutige System funktioniert, dass alle internationalen Verträge, die wir eingegangen sind, uns die Souveränität über die Grenzen nicht weggenommen haben.

Am 13. März verkündete der Bundesrat dann den Lockdown. Wer hat diesen Plan ausgearbeitet?

Es begann mit dem Verbot von Grossveranstaltungen am 28. Februar. Dieses war anfänglich auf zwei Wochen begrenzt und wäre folglich am 15. März ausgelaufen. In dieser Zeit diskutierten wir mit den Kantonen, ob wir weitere Massnahmen treffen sollten und welche. Das war eine etwas chaotische Phase. Das BAG realisierte, dass die Kantone die Kontrolle und Rückverfolgung von Ansteckungswegen nicht mehr gewährleisten konnten. Damit war für uns klar, dass diese Strategie gescheitert war. Eine Isolierung von Erkrankten war nicht mehr möglich. Der Bundesrat diskutierte darüber am 6. März und setzte nun auf die Strategie, die sich ausbreitende Krankheit so gut wie möglich einzudämmen. Das führte zum Entscheid, Schliessungen von beispielsweise Kinos, Veranstaltungen, Läden, Bars vorzubereiten. Der Bundesrat hat übrigens bereits früh die Folgen solcher Schliessungen für die Wirtschaft diskutiert. Er war sich der grossen Auswirkungen sehr wohl bewusst. Damals entschied man sich auch für den Einsatz der Armee im zivilen Bereich. Nun arbeiteten wir einen konkreten Massnahmenplan aus. Am 12. März, am letzten Tag vor der Bundesratssitzung, finalisierten wir diese Arbeiten. Das war eine unglaubliche Arbeit. Alles musste juristisch solide abgestützt und dreisprachig vorbereitet, die Kommunikation sichergestellt sein. Ich entschied schliesslich, bei Veranstaltungen eine Grenze von 100 Personen und bei Restaurants von 50 zu beantragen. Auch Skigebiete sollten geschlossen werden. Bei den Schulen war ich ursprünglich wie das Europäische Zentrum für die Prävention und die Kontrolle von Krankheiten der EU (ECDC) der Meinung, dass nur die überobligatorischen Schulen schliessen sollten, weil kleine Kinder keine Treiber der Infektionen seien. Während wir im EDI-Generalsekretariat diese Dokumente schrieben, haben wir die Verordnung in diesem Punkt noch verschärft.

Was hat Sie denn zu dieser Meinungsänderung veranlasst?
Weil die ECDC an genau diesem Tag aufgrund einer neuen Studie eine Änderung ihrer Empfehlungen publizierte, da nicht ausgeschlossen werden könne, dass auch jüngere Schüler das Virus verbreiten. Deshalb sei eine Schliessung auch der obligatorischen Schulen sinnvoll. Es zeichnete sich dann ab, dass die umliegenden Länder, etwa Frankreich, dieser Empfehlung Folge leisten würden. Selbst wenn wir zur Überzeugung gelangt wären, dies sei falsch und wir sollten die Schulen offen lassen, standen wir vor einem Problem: Könnten wir diesen Kurs durchhalten, wenn rund um uns herum die Schulen geschlossen sein würden? Es ist urmenschlich, dass wir bei Gefahr unsere Kinder möglichst schützen wollen. Viele Eltern hätten wohl – wie im Tessin – ihre Kinder nicht mehr zur Schule geschickt. Ich kam zur Überzeugung, dass wir nicht die geringste Chance gehabt hätten, die Grundschulen auf Dauer offen zu halten.

Wie wurde dieser Lockdown aufgenommen? Es hielten sich doch anfänglich gewisse Skigebiete nicht an die Weisungen des Bundesrats?
Wir gaben die Massnahmen am Freitag bekannt. Ab Samstag hatten sie Gültigkeit. Doch bei den Skigebieten war die Lage etwas kompliziert, weil gewisse Kantone erst nach dem Wochenende schliessen wollten. Das widersprach dem bundesrätlichen Entscheid, und wir haben diesen

Punkt rasch geklärt. Doch die wichtigste Erkenntnis war dann, dass die Personenobergrenze von 50 für die Restaurants nicht funktionierte. Ich realisierte das, als ich mir die Umsetzung unserer Anordnungen anschaute.

Sie sind durch Bern spaziert und haben sich die Situation in Läden und Restaurants angeschaut?

Ja. Ich sah Restaurants, die 200 Plätze hatten und einfach 150 davon absperrten, sodass die Gäste genau gleich eng sassen wir zuvor. Wenn die Beschränkung der Gästezahl nicht zu einer grösseren physischen Distanz führte, war die Massnahme natürlich sinnlos. Zudem überraschte Italien in dieser Nacht alle, weil es ohne Vorankündigung die Schliessung seiner Grenzen bekanntgab. Am Tag danach, dem Sonntag, traf sich der Bundesrat zu einer Sondersitzung und diskutierte die Corona-Lage. Er entschied sich zu einer Verschärfung. Mehr sollte geschlossen werden, Läden, Restaurants, Sportstätten. Das war ein sehr schwieriger Entscheid.

Das war dann also der Lockdown!

Mir passt dieser Begriff nicht. Denn selbst auf dem Höhepunkt der Massnahmen arbeitete die Wirtschaft zu 70 oder 80 Prozent normal weiter. Aber völlig klar: Es war ein sehr harter Eingriff für die Bevölkerung und gewisse Branchen. Dazu kommt, dass es um eine Pandemie geht, was weltweit die Wirtschaft stark trifft und sich damit auf ein so vernetztes Land wie unseres auswirkt.

Wurde innerhalb des BAG und auch des Bundesrats das schwedische Modell der Krisenbewältigung, das auf einer raschen Durchseuchung der Bevölkerung basiert, jemals zur Kenntnis genommen?

Ja, das haben wir. Der schwedische Ansatz tauchte in den Grundlagenpapieren des BAG auf und wurde intern diskutiert. Er ist eine Option, die wir analysiert und dann verworfen haben.

Mit welchen Argumenten wurde diese Möglichkeit der Pandemie-bekämpfung verworfen?

Es waren mehrere: Ethisch ist für uns dieses Modell wegen der höheren Todeszahl, die man in Kauf nimmt, nicht vertretbar, zumal wir die Langzeitfolgen der Krankheit nicht kennen. Auch schien uns der versprochene Vorteil, nämlich eine rasche Herdenimmunität der Bevölkerung, ungewiss, was sich ja in der Zwischenzeit bestätigt hat. Zudem sind auch die angeblichen wirtschaftlichen Vorteile des schwedischen Modells nicht wirklich erwiesen. Ich finde es richtig, dass sich der Bundesrat nicht für diesen Weg entschieden hat. Für eine abschliessende Bilanz ist es heute zu früh. Der Bundesrat hat sich für einen anderen Weg entschieden, in der Überzeugung, dieser stelle die beste Lösung für die Schweiz dar.

Weshalb wurden alle diese Massnahmenpläne im EDI erarbeitet und nicht beispielsweise von der Bundeskanzlei oder dem Stab der Bundespräsidentin Simonetta Sommaruga?

Unser System funktioniert so: Corona ist ein Gesundheitsthema. Deshalb ist das zuständige Departement für die Ausarbeitung einer Strategie und für die konkreten Gegenmassnahmen zuständig und bringt die entsprechenden Anträge dann in den Bundesrat. Dieser entscheidet. Innerhalb des EDI wurde das Dossier vom BAG behandelt, wo das entsprechende Wissen vorhanden ist.

Und innerhalb des BAG war es Daniel Koch, der Leiter der Abteilung Übertragbare Krankheiten, der als «Mr. Corona» einen späten Ruhm erlebte. Haben Sie ihn in den Vor-Corona-Zeiten überhaupt gekannt?

Daniel Koch war bis Ende März Leiter der entsprechenden Abteilung, dann übernahm sein Nachfolger Stefan Kuster die Geschäfte. Aber wir baten Daniel Koch, noch etwas länger zu bleiben, um kommunikativ nach aussen die erste Corona-Phase zu begleiten. Gekannt habe ich ihn vor allem von den Beratungen und vom Abstimmungskampf über das neue Epidemiengesetz im Jahr 2013. Allerdings traf ich ihn danach kaum mehr, weil es dafür keinen Anlass gab.

Hatte er alle die Corona-Pläne fixfertig in der Schublade, Massnahmenplan A, Massnahmenplan B, Massnahmenpaket C? Musste er sie einfach hervorziehen?
Theoretisch lassen sich viele Pläne erstellen. Doch die Realität ist dann immer anders und konfrontiert uns mit Problemstellungen, die neu sind. Konkret ist in einem Fall wie Corona immer unbekannt, wie sich der neue Erreger genau verhält, welche Ansteckungswege er nimmt, welche Altersgruppen besonders betroffen sind, welche Folgen diese Krankheit verursacht, auch langfristig. Deswegen lassen sich Massnahmen für den Pandemiefall nicht bis in die Details vorbereiten. Insgesamt bin ich aber der Meinung, dass das BAG und das EDI nicht so schlecht gerüstet waren. Eine grosse Hilfe stellte das neue Epidemiengesetz dar, das unsere Arbeit erleichterte und etwa Kompetenzfragen zwischen Bund und Kantonen klar regelte.

Aber wie muss ich mir die Arbeit am Lockdown konkret vorstellen? Sassen Sie in Ihrem Departement am grossen Konferenztisch und diskutierten darüber, ob man jetzt Gärtnereien oder Telekom-Läden schliessen soll oder nicht?
Ja, das war so.

Diese Detailtiefe ist doch beeindruckend!
Vom Moment an, in dem sich das Land in einer ausserordentlichen Lage befindet und der Bundesrat wirklich rasch entscheiden muss, was im Einzelnen gilt, hatte sich die Verwaltung mit solchen Details zu beschäftigen. Wir mussten uns um die Beerdigungen kümmern und um die Hochzeiten. Wir entschieden uns auch dafür, Telekom-Läden geöffnet zu lassen, weil ein kaputtes Handy gerade in der Krise nicht akzeptabel ist. Denn dann ist die Kommunikation besonders wichtig. Wir

diskutierten über Autogaragen. Ist es angezeigt, auch diese zu schliessen? Aber auf ein Auto waren manche in der Krise besonders angewiesen, weil der öffentliche Verkehr so drastisch eingeschränkt wurde. Ärzte mussten an ihre Arbeitsplätze in den Spitälern gelangen. Darf man das Auto weiter benutzen, muss auch eine Möglichkeit bestehen, dieses zu reparieren. Eine Unzahl solcher Fragen haben wir diskutiert.

Haben Sie jeweils mit den betroffenen Kreisen Rücksprache genommen, also etwa dem Garagistenverband?
Ehrlich gesagt: Wir hatten in vielen Fällen dafür keine Zeit.

In diesem Zusammenhang muss jetzt die Maskenfrage angesprochen werden. Die Schweiz ist heute mehrheitlich der Meinung, das BAG und Sie selbst hätten die Wirksamkeit von Masken öffentlich angezweifelt, weil Sie nicht über einen genügenden Vorrat an Masken verfügten. Trifft dies zu?
Nein. Nehmen wir einmal an, wir hätten Mitte März festgestellt, dass Masken für den Schutz der Bevölkerung sofort notwendig sind. Gleichzeitig wussten wir, dass zu wenige Masken vorhanden waren. Wir hätten keine andere Wahl gehabt, als dies genauso zu sagen. Es ist doch so wie in einem Boot, das sinkt. Die Insassen wissen, es hat nicht genug Schwimmwesten. Würde man sagen, Schwimmwesten braucht es nicht, weil sie nichts nützen? Das ist unmöglich, weil die Insassen rasch realisieren, dass diese Aussage nicht stimmt. Wir hätten also in Bezug auf die Masken gesagt: Sie sind nun absolut unerlässlich. Leider verfügen wir aber nicht über ausreichende Vorräte, weshalb sich jeder selbst um die Beschaffung einer Maske bemühen soll. Tatsächlich wussten wir zu diesem Zeitpunkt noch nicht, ob die Masken einen Schutz gegen das Virus gewährleisten. Wir stützten uns bei unseren Entscheidungen immer auf die Erkenntnisse der Wissenschaft. Diese war sich in Bezug auf die Masken damals nicht einig. Die WHO und die ECDC sagten zu diesem Zeitpunkt, Masken seien nicht unbedingt notwendig. Deshalb empfah-

len wir Masken nur für Fälle, in denen Abstandsregeln nicht eingehalten werden konnten. Eine Maskenpflicht anordnen, wenn die meisten Institutionen geschlossen sind, Schulen, öffentlicher Verkehr, Restaurants, Läden, Kino? Und in den eigenen vier Wänden eine Maske tragen? Doch nur, wenn man krank ist, um die Mitbewohnenden zu schützen. Und folgerichtig passten wir mit dem Beginn der Lockerungen unsere Empfehlungen zum Maskentragen an, wobei uns auch neue wissenschaftliche Erkenntnisse über deren Wirkung vorlagen.

Aber hatte es zu Beginn der Krise zu wenige Masken?
Ja, die Vorräte waren knapp, und es fehlte ein umfassender Überblick, wer alles wo Masken gelagert hat.

Warum hatte es zu wenige Masken?
Wir – und damit meine ich die Gesellschaft insgesamt – haben allzu lange mit der Illusion gelebt, unser Leben kenne nur noch Gewissheiten. Wenn ich an einem Tag Masken kaufen kann, dann wird das auch kommende Woche möglich sein. Man denkt nicht daran, dass Masken weit weg produziert werden, wie lang die Lieferketten sind und wie rasch sich Störungen negativ auswirken können. Das traf auch zum Teil auf die Spitäler zu, die keine Maskenvorräte angelegt hatten, weil sie sich darauf verliessen, diese im Notfall rasch beschaffen zu können. Damit sparten sie Lagerkosten. Wir lebten bis zu Corona in einer Welt der garantierten Sicherheiten. Es gab Leute, die stiegen am 10. März, unmittelbar vor der ausserordentlichen Lage, in ein Flugzeug und verreisten in die Ferien. Als die Massnahmen europaweit immer schärfer wurden, waren sie erstaunt, dass sie nicht mehr in die Schweiz zurückkehren konnten und wandten sich empört an uns. Seit 30 Jahren würden sie um diese Jahreszeit nach Thailand reisen, stets hätten sie problemlos zurückkehren können. Was jetzt passiere, sei inakzeptabel. Dieses blinde Vertrauen, dass alles immer so bleiben wird, wie es ist, ist nun teilweise erschüttert.

Sie standen bald unter grossem Druck, dass das BAG Masken be-schaffen sollte. Wie sind Sie vorgegangen? Wo hat die Schweiz Masken beschafft?

Der Bund musste die Beschaffung übernehmen, weil in dieser Mangelsituation eine einzelne Person oder ein einzelnes Spital chancenlos gewesen wäre, auf dem Weltmarkt an Masken zu kommen. Da diese Verantwortung bisher nicht beim Bund war, fehlten uns die gesetzlichen Grundlagen für Käufe auf eidgenössischer Ebene. Wir mussten mit einer Notverordnung erst eine solche schaffen. Danach sah sich die Bundesverwaltung mit grossen Problemen konfrontiert, weil es auf dem Markt fast keine Angebote gab. Es gab einen internationalen Wettlauf, was zu überhöhten Preisen führte. Oder auch dazu, dass etwa Deutschland vorübergehend eine Lieferung in die Schweiz blockierte und Anstalten machte, die Masken selbst zu nutzen.

Haben Sie da bei Ihrem guten Bekannten Jens Spahn interveniert?

Wir waren in Kontakt mit ihm, aber auch andere Departemente wie das Wirtschftsdepartement oder das Aussendepartement kommunizierten mit den deutschen Behörden. Wir konnten nicht alles selbst machen. Ich finde diese Episode bemerkenswert, weil sie zeigt, zu welchen Massnahmen Staaten in einer Krisensituation und einer Mangellage greifen können. Protektionismus scheint vordergründig eine gute Lösung zu sein. Doch das Gegenteil ist der Fall. Umso wichtiger ist in solchen Situationen eine grenzüberschreitende Koordination. Gerade weil sich die Verantwortlichen in Deutschland und der Schweiz gut kannten, vermochten wir die Situation rasch zu lösen. Das zeigt, wie wichtig solche internationalen Kontakte und wie wichtig gerade in einer solchen Situation die guten Beziehungen zur EU sind.

Das BAG spielt für die Bewältigung der Corona-Krise eine Schlüsselrolle. Es wurde aber im Verlauf des Sommers 2020 zunehmend heftig kritisiert. War das BAG wirklich auf der Höhe der Aufgabe?

Im BAG ist hauptsächlich die Abteilung Übertragbare Krankheiten zuständig. Diese Abteilung ist personell und finanziell natürlich nicht permanent so ausgestattet, dass sie jederzeit und sofort eine Pandemie zu bewältigen vermag. Das heisst, die Abteilung war inhaltlich vorbereitet, war wissenschaftlich auf dem neuesten Stand, aber personell im Normalbetrieb. Somit galt es, den Betrieb hochzufahren. Ich bin der Letzte, der behaupten würde, alles sei perfekt gelaufen. Aber das ist ja auch logisch. Denn diese Krise war neuartig, weil das Virus und die Entwicklung der Pandemie vorher unbekannt waren. Nicht nur das BAG, wir alle lernen täglich dazu.

Wie gross ist denn die Abteilung Übertragbare Krankheiten?
Sie zählt rund 45 Mitarbeiterinnen und Mitarbeiter. Plötzlich muss diese die Hauptarbeit für die Bewältigung der grössten Gesundheitskrise seit 100 Jahren leisten. Wir haben dann sehr rasch die Strukturen im BAG angepasst. Das BAG leistete und leistet noch immer eine Riesenarbeit. Das Engagement ist sehr gross. Diese Krise wird uns noch lange beschäftigen, noch viele Monate. Über so lange Zeit kann das BAG nicht im Ausnahmezustand funktionieren und diesen Dauerstress aushalten. Nach zwei, drei Monaten tritt verständlicherweise ein Ermüdungseffekt ein. Deswegen müssen wir für die Dauer der Pandemie nun die Strukturen und Abläufe so anpassen, dass die Krisenbewältigung zum Normalfall wird.

Sie erklären sich also die Zunahme von Pannen beim BAG mit diesem Ermüdungseffekt und nicht mit fehlerhaften Strukturen oder mit mangelnder Kompetenz in Schlüsselpositionen?
Die Ermüdung und die fehlende Erholung spielen sicher eine Rolle. Viele Mitarbeiterinnen und Mitarbeiter waren am Anschlag, weil es so unglaublich viel zu tun gab. Viele konnten seit Anfang Jahr kaum Ferien mehr nehmen und haben viele Wochenenden durchgearbeitet. Neben den gesetzgeberischen und organisatorischen Aufgaben muss das

BAG auch viel Informationsarbeit leisten und Fragen beantworten, ständig erklären, weshalb man was wie gemacht hat. So gingen beim BAG viel mehr und umfangreichere Anfragen für Offenlegung von Informationen gemäss dem Öffentlichkeitsgesetz ein. Von März bis Oktober waren es 100 Gesuche nur zum Thema Corona. Diese müssen alle bearbeitet werden. Dazu kommen über 160 Corona-Vorstösse und Anfragen aus dem Parlament seit dem Frühling. Zudem wurden auf der Hotline bis Ende Oktober fast 400 000 Anrufe angenommen sowie enorm viele schriftliche Anfragen von Bürgerinnen und Bürgern bearbeitet werden. Das sind massive Zusatzbelastungen.

Das leuchtet ein, was die effektive Krisensituation betrifft. Aber zeigt nicht die Tatsache, dass die Meldung der Krankheitsfälle an das BAG über Fax erfolgte, dass dieses vorher geschlafen hat?
Das BAG tauscht sich mit den Labors ausschliesslich digital aus. Das funktioniert einwandfrei. Das Problem liegt anderswo und ist in der Schweiz ein viel grundsätzlicheres. Unser Gesundheitssystem ist atomisiert. Die digitale Vernetzung ist zu wenig weit fortgeschritten, auch aus Datenschutzgründen. Es gibt viele Akteure, die sich gewohnt sind, zu funktionieren wie in der analogen Vergangenheit. Das BAG akzeptierte deswegen den Faxkanal im Dienst der Sache. Hauptsache war, dass es die notwendigen Informationen erhielt. Dass sich hier eine Fehlerquelle auftat, kann niemanden überraschen. Aber sicher ist eine Folge dieser Krise, dass das BAG künftig den Fax nicht mehr akzeptieren wird.

Wie haben Sie auf diese Pannen reagiert?
Die teilweise heftige Kritik, die auf das BAG niederging, droht unerwünschte Konsequenzen zu haben. Ich habe immer gesagt, in meinem Departement dürfe keine Nullfehlerkultur herrschen. Wenn man Mitarbeitende wegen Fehlern einfach massregelt, werden diese in Zukunft möglichst wenig tun – aus der Angst heraus, wieder einen Fehler zu begehen. Dann passiert einfach nichts mehr. Logisch, dass man Fehler

möglichst vermeiden sollte. Aber wenn sie passieren, ist es wichtiger, aus ihnen zu lernen, als die Verantwortlichen dafür abzustrafen.

Hat es Sie getroffen, dass man Sie in dieser Phase zuweilen als «Schönwetterpiloten» kritisierte?
Nein. Ich bin eher bekannt für eine straffe Führung des Departements und der Ämter. Zudem misst sich die Bewältigung einer Krise nicht daran, ob eine Mitarbeiterin oder ein Mitarbeiter einem Journalisten eine falsche Zahl mitgeteilt hat.

Dann befinden Sie die Kritik am BAG insgesamt für ungerecht?
Kritik hat immer ihren Platz, gehört auch zum politischen Geschäft. Gerade in Krisensituationen macht man Fehler und muss ständig dazulernen. War die Kritik zuweilen übertrieben? Ja, das empfand ich so. Aber diese Welle an Kritik im Sommer kam für mich nicht unerwartet. Zu Beginn, während der intensivsten Phase, gab es fast nur Lob. Das fand ich auch etwas eigenartig. Da musste man eine Gegenreaktion erwarten, die manchmal auch etwas übertrieben ausfiel.

Vermissen Sie Daniel Koch eigentlich, der Ende Mai definitiv aus dem Dienst des BAG ausgeschieden ist?
Es war seit Langem klar, dass er Ende März 2020 pensioniert würde. Wir haben ihn wegen der Krise dann gebeten, noch etwas länger zu bleiben, weil er über ein grosses Wissen und eine grosse Erfahrung verfügt und für die Öffentlichkeit zur epidemiologischen Stimme der Bundesverwaltung geworden war. Ich war froh, dass er sich dazu bereit erklärt hat.

Sind Sie auch froh, dass er jetzt als Berater im gleichen Themenbereich öffentlich auftritt?
Er ist jetzt ein aussenstehender Experte, der die gleichen Ziele verfolgt wie wir.

Das Auftreten von Experten in den Medien ist ja tatsächlich auch eine typische Begleiterscheinung von Krisen. Manche von ihnen haben zuweilen heftige Kritik an den Behörden geübt. Wie erleben Sie diese Experten? Sind sie hilfreich oder eher lästig?

Der Bundesrat stützt sich bei seinen Entscheiden auf die Expertise des BAG, das eigene Spezialisten hat, mit der externen Science Taskforce zusammenarbeitet und permanent alle relevanten Forschungsarbeiten auswertet. Die Experten waren und sind sich häufig in einzelnen Punkten nicht einig. Wo unterschiedliche Auffassungen bestehen, gilt es das zu akzeptieren und entsprechend auch mit der Kritik zu leben. Die Politik steht dann vor der Aufgabe, eine Synthese dieser unterschiedlichen Meinungen zu finden und praktische Massnahmen daraus abzuleiten. Zudem sind Experten auch nicht frei vom Bedürfnis nach Profilierung. Es herrscht hier auch ein reger Wettbewerb. Aber das sehe ich nicht negativ. Das bringt die Wissenschaft voran. Anders als gewisse Expertinnen und Experten habe ich mich aber in Bezug auf Prognosen stets zurückgehalten. Gerade quantitative Prognosen vermitteln vielleicht scheinbare Gewissheiten, tragen aber zur effektiven Bewältigung einer Krise wenig bei.

Sollten Sie denn als Bundesrat nicht gerade Gewissheit, Sicherheit ausstrahlen?

Wichtig ist, möglichst transparent zu sein. Ich sage, was wir wissen, und auch, was wir nicht wissen. Mir ist bewusst, dass manche Leute, auch in der Verwaltung, Gewissheit suchen, sie erwarten eindeutige Aussagen zu Fragen wie: Warum steigt die Zahl der Ansteckungen? Wann kommt ein Impfstoff? Wann ist die Krise vorbei? Die ehrliche Antwort lautet manchmal: Das weiss man noch nicht. Das zentrale Merkmal einer Krise ist gerade die Ungewissheit. Nicht alle Leute können damit umgehen. Dass das Angst verursachen kann, verstehe ich gut.

Lässt sich damit auch das Phänomen der Corona-Skeptiker und Corona-Leugner erklären?

Das weiss ich nicht. Ich stelle einfach fest, dass eine Situation wie die jetzige destabilisierend auf die Gesellschaft wirkt und Reaktionen hervorbringt, die man sonst nicht kennt. Man muss zwischen konkreter Kritik am behördlichen Massnahmenkatalog einerseits und blindwütiger Fundamentalkritik anderseits unterscheiden: Erstere ist völlig legitim und verbessert die Entscheide. Zweite verschliesst sich jeder Debatte und ist zudem pietätslos all jenen gegenüber, die in der Verwandtschaft oder im Freundeskreis Corona-Tote zu beklagen haben.

Hat Sie die Grösse und Militanz dieser Bewegung nicht überrascht?

Die Gruppe der Gegner ist sehr heterogen. Überrascht hat mich, dass es zuweilen gar nicht um eine – durchaus gerne auch harte – Diskussion mit den Behörden ging. Bei einer Minderheit der Corona-Skeptikerinnen und -Skeptiker vermisse ich jedes Interesse an einem echten Gedankenaustausch.

Ich habe im Gegenteil den Eindruck, die Mehrheit dieser Corona-Skeptiker sei debattenunfähig und debattenunwillig.

Diese Einschätzung teile ich nicht. Es gibt Leute, die einen allzu starken Staat fürchten oder sich um grundlegende Freiheiten sorgen. Das sind legitime Standpunkte, die wir diskutieren müssen. Dann gibt es die Zweifler, die Fakten anders interpretieren. Ihnen legen wir ganz transparent die wissenschaftliche Basis der Fakten dar. Und schliesslich gibt es noch jene, die eine Realität negieren. Man sollte deren Bedeutung aber nicht überschätzen. Als der Bundesrat die Maskenpflicht ausgeweitet hat, versammelten sich bloss ein paar Dutzend Demonstrantinnen und Demonstranten vor dem Bundeshaus. Das sind doch wenige Personen. Unser System der direkten Demokratie ist gerade in solchen Krisensituationen ganz wichtig. Es gab beispielsweise eine grosse Diskussion um die SwissCovid-App. Das Referendum dagegen wurde angekündigt, kam dann allerdings nicht zustande. Wir können Debatten führen und Anliegen mittels Initiative oder Referendum in den politischen Prozess einbringen.

Aus welchen Kreisen rekrutieren sich die Anhänger dieser Bewegung?

Es handelt sich sicher um eine heterogene Gruppe. Aber ich hatte in den letzten Monaten zu wenig Zeit, um eine vertiefte Analyse vorzunehmen. Was ich aber feststelle, was ich spüre, ist, dass die kritischen Stimmen manchmal stärker und dann wieder schwächer präsent sind. Die Stimmung in der Bevölkerung verändert sich eben ständig. Im März und April fanden fast alle die strengen Massnahmen des Bundesrats gut. Wenn schon, dann hätte man sich mancherorts noch weitergehende Auflagen gewünscht. Im Sommer dann konnte es nicht genug schnell gehen mit der Beendigung aller Einschränkungen. Ende September begann es wieder zu kehren und heute wird eine Verschärfung der Massnahmen gefordert. Für die politische Führung heisst das, diese Stimmungen wahrzunehmen und die Debatte zu führen, aber dabei ein einmal festgelegtes Ziel nicht aus den Augen zu verlieren.

Handelt es sich bei den Corona-Skeptikern nicht um ein Phänomen, das sich vor allem in der deutschen Schweiz manifestiert?

Nein, das sehe nicht so. Etwas Anderes ist wohl für diesen momentanen Eindruck verantwortlich. Man hört die Corona-Skeptikerinnen und -Skeptiker viel stärker, wenn die Fallzahlen tief sind. In der Romandie waren diese und sind sie wieder hoch, Patientinnen und Patienten müssen in die Deutschschweiz verlegt werden, weil die Spitäler voll sind. In der Folge melden sich die Corona-Skeptikerinnen und -Skeptiker viel weniger zu Wort.

Aber in Deutschland ist die Bewegung wirklich gross. Das schwappt doch von dort auf die Deutschschweiz über?

Das kann sein. Aber ehrlich, ich weiss es nicht. Ich habe das noch nicht analysiert.

Gibt es für Sie überhaupt eine Möglichkeit, mit solchen Kreisen in Kontakt zu treten und sie von der Haltung der Regierung zu überzeugen?

Das ist in der Tat schwierig. Einige hören vor lauter Empörung gar nicht mehr zu, sind offenbar immun gegen Argumente und nicht interessiert daran. Es haben sich in der langen Praxis der direkten Demokratie gewisse Spielregeln etabliert, es ist eine Debattenkultur entstanden. Das heisst, Respekt voreinander zu haben, dem anderen zuhören, auch wenn man mit seiner Haltung nicht einverstanden ist. Daran sollte man sich halten.

Entsteht da nicht eine neue populistische Bewegung, welche die alte ablöst, die gegen die EU und die Ausländer gerichtet ist?

Die Corona-Politik des Bundesrats wird ja hoffentlich bald einmal überflüssig sein und mit dem Virus verschwinden. Dann werden wir sehen, ob sich nicht auch diese Bewegung auflöst. Zu reden geben wird natürlich noch das Impfen, wenn dann einmal Impfstoff vorliegt.

Die zweite Welle

Im Sommer sah sich die Schweiz als Musterknabe im Umgang mit dem Corona-Virus. Und nun sind wir eines der am meisten betroffenen Länder weltweit. Wie konnte das geschehen?

Tatsächlich veränderte sich die Situation in der Schweiz anfangs Oktober ganz rasch und ganz drastisch. Die Verdoppelung der Fallzahlen, die kurz zuvor noch vier Wochen betragen hatte, sank auf eine Woche. Da wussten wir: Jetzt müssen wir sofort energisch handeln.

Weshalb kam es soweit?

Natürlich habe ich eine Erklärung dafür gesucht. Der starke Anstieg fand ja auch in fast allen Nachbarländern statt. Ich traf auf unterschiedliche Begründungen, keine scheint mir allein als Erklärung zu genügen. Es handelt sich wohl um ein Zusammentreffen mehrerer denkbarer Ursachen. Eine mögliche Rolle spielte die für diese Jahreszeit sehr kalte Woche, die wir Ende September erlebt haben. Die Aktivitäten der Menschen haben sich da schlagartig wieder in die Innenräume verlegt, wo das Ansteckungsrisiko viel höher ist. Die Rückkehr vieler Leute aus den Ferien im Ausland hatte eventuell ebenfalls einen gewissen Einfluss. Und vermutlich hat sich über die Sommermonate das Virus im ganzen Land ausgebreitet, auch in den ländlichen Gebieten, die im Frühling noch wenig betroffen gewesen waren.

Die Experten haben ja stets vor einer zweiten Welle gewarnt. Waren Sie immer überzeugt davon, dass es zu einer solchen kommen werde?

Man kann natürlich immer hoffen, dass es diesmal anders sei. Aber bisher sind Pandemien immer in mehreren Wellen verlaufen. Und aus der Geschichte weiss man, dass die zweite Welle sehr oft schwieriger ist als die erste. Deswegen habe ich ja bereits im Frühling gesagt, dass der kommende Winter die wirkliche Herausforderung darstellen werde, dass die anspruchsvollste Zeit noch vor uns liege. Dass die zweite Welle dann so früh gekommen ist, hat alle überrascht, sogar die meisten Epidemiologen.

Wann verfügten Sie erstmals über Indizien, dass diese zweite Welle am Anlaufen ist?
Anfangs Oktober. Am 7. Oktober gab es tausend Neuansteckungen, was noch halbwegs im Rahmen war und es dem Contact Tracing noch erlaubte, die Ansteckungsketten zu verfolgen. Doch schon am 9. Oktober stieg die Positivitätsrate bei den Tests schlagartig an. Das ist ein starkes Indiz, dass die Kontrolle verloren zu gehen droht oder bereits verloren gegangen ist. Darauf kündigte ich am 14. Oktober im Bundesrat an, dass es wohl bald eine ausserordentliche Sitzung brauche, um neue Massnahmen zu erlassen. Am Vormittag des 16. Oktober teilte mir die wissenschaftliche Taskforce zehn Minuten vor einer Videokonferenz mit den kantonalen Gesundheitsdirektorinnen und Gesundheitsdirektoren mit, die Verdoppelungszeit sei auf eine Woche gesunken. Das war ein Alarmsignal. Umgehend habe ich in der Videokonferenz meinen Gesprächspartner gesagt, sie hätten dringenden Handlungsbedarf und auch der Bundesrat werde jetzt rasch handeln. Am 18. Oktober sagte ich an der bundesrätlichen Medienkonferenz: Jetzt haben wir die zweite Welle. Der Bundesrat beschloss eine Reihe von Massnahmen, etwa die Maskentragpflicht in allen Innenräumen. Explizit forderten wir die Kantone auf, ihren Spielraum für zusätzliche Restriktionen zu nutzen, falls die Situation vor Ort das verlange. Das entspricht dem Geist des Föderalismus.

Haben die Kantone nicht versagt, in dem sie über den Sommer die Hände in den Schoss gelegt haben?
Was hätten sie denn machen sollen?

Sie hätten zum Beispiel die Kapazitäten für das Contact tracing ausbauen können. Vermittelten sie stattdessen nicht eher den Eindruck, Corona sei Geschichte?
Erinnern wir uns, wie nötig wir damals eine Verschnaufpause hatten und wie die Leute die Lockerung genossen. Das Contact tracing akzeptierten sie nur noch schlecht. Ich bekam im August zahlreiche Meldungen aus den Kantonen, wie schwierig es sei, die Leute zu überzeugen, bei der Verfolgung der Ansteckungsketten mitzuhelfen. Das ändert sich nun mit der zweiten Welle wieder. Zudem gibt es «die Kantone» nicht. Es gibt 26 verschiedene Kantone und 26 unterschiedliche Realitäten.

Aber der Eindruck besteht, dass man in den ländlichen Gebieten das Virus nicht ernst nahm. Im Kanton Schwyz gab es Jodel-Musicals und Beizenfreinächte, Jassturniere und grosse Hochzeiten. Das Risikobewusstsein betrug überall null.
Die erste Welle kam in gewissen Kantonen fast nicht an, weil die harten Massnahmen, die getroffen wurden, die Ausbreitung des Virus stark gehemmt haben. Heute ist das Virus viel stärker verbreitet. Es ist in die hintersten Winkel des Landes vorgestossen.

Sie hatten keine Kenntnis davon, dass manche Kantone schlecht für eine zweite Welle gerüstet waren?
Welche Kantone meinen Sie?

Zum Beispiel den Kanton Schwyz.
Ich kann nicht beurteilen, welcher Kanton wie vorbereitet war. Ich kann nur sagen, dass das BAG im ständigen Kontakt mit den Gesundheitsdirektionen der Kantone steht. Regelmässig gibt es eine Telefon-

konferenz des BAG mit allen Kantonsärztinnen und -ärzten. Alle haben gewusst, was kommt. Welche Schlussfolgerungen daraus gezogen wurden, war Sache der Kantone und von deren zuständigen kantonalen Konferenzen.

Weshalb haben Sie nicht strengere Massnahmen beschlossen angesichts der raschen Ausbreitung des Virus? Und weshalb haben Sie darauf verzichtet, erneut eine ausserordentliche Lage auszurufen?
Wir versuchen tatsächlich, die Kontrolle über das Virus mit weniger einschneidenden Massnahmen zu gewinnen als im Frühling. In einem föderalistischen Land nach so kurzer Zeit zu sagen, die Kantone würden das nicht schaffen, der Bundesrat möge wieder alle Zügel in die Hand nehmen, ist doch nicht möglich. Immerhin verfügten alle über sechs Monate Zeit, um sich auf die zweite Welle vorzubereiten. Das wurde auch gemacht. So haben sich Bund und Kantone auf eine Strategie verständigt, wie man diese zusammen bewältigt. Und dann ist ja nun das Covid 19-Gesetz in Kraft. Wir verfügen also über eine legale Basis für Massnahmen, die wir im März nur mittels Notrecht treffen konnten. Wir sind, Stand heute, also nicht mehr auf Notrecht angewiesen.

Sie haben aber doch einige Male die Kantone gerügt, weil sie in gewissen Fragen sehr zögerlich agierten. Das Verhältnis gerade zum Kanton Zürich scheint im Moment nicht sonderlich harmonisch zu sein.
Es war für mich schon überraschend, dass der grosse und eigentlich tatkräftige Kanton Zürich auf den Bundesrat warten wollte und darauf verzichtete, selbst weitere Massnahmen einzuführen. Aber jede Kantonsregierung ist frei, zu entscheiden, wie sie will.

Viele Experten haben strengere Massnahmen gefordert. Sie sind diesen Stimmen nicht gefolgt. Warum nicht?

Es genügt nicht, eine Massnahme einfach zu erlassen und dann zu glauben, sie werde jetzt umgesetzt. Die Bevölkerung muss diese auch sinnvoll finden und akzeptieren. Sodann verfügen wir mittlerweile über bessere Kenntnisse, wie und wo sich das Virus verbreitet. Der Hauptansteckungsort sind Kontakte im Privatbereich. Die ganze Wirtschaft zu schliessen, um den Privatbereich und den Freizeitbereich besser unter Kontrolle zu bringen, ist kein sinnvoller Ansatz, solange es auf anderen Wegen gelingt, die Kontrolle über das Virus zu gewinnen oder zu behalten. Deswegen streben die jetzigen Massnahmen primär an, die Zahl der sozialen Kontakte zu reduzieren. Das ist hart für unser Privatleben und trifft auch stark den Sport- und Kulturbereich.

Es irritiert Sie aber nicht, dass alle umliegenden Länder im Kampf gegen die zweite Welle weiter gegangen sind als die Schweiz?

Das war zum Teil schon im Frühling der Fall gewesen und wir sind nicht schlecht gefahren. Ich stelle fest: In Ländern mit strengeren Massnahmen ist zurzeit die Entwicklung weniger gut als bei uns. Vor allem aber bin ich auch ein Gegner von Symbolpolitik. Wir entscheiden uns nur für Massnahmen, von denen wir denken, dass sie effektiv auch etwas bringen. Aber Sie kennen meinen Leitsatz: bescheiden und flexibel bleiben. Was heute stimmt, ist morgen vielleicht falsch.

Begibt sich die Schweiz damit nicht auf einen Weg, den man mit «Schweden light» bezeichnen könnte? Man nimmt etwas höhere Ansteckungsquoten in Kauf, um eine raschere Immunisierung der Bevölkerung zu erreichen?

Die Durchseuchungsstrategie war nie eine politische Option für den Bundesrat. Es gäbe viel mehr Todesopfer, was umso weniger akzeptabel ist, als das Ziel der Durchseuchung auf diese Weise kurzfristig gar nicht erreichbar ist. In Schweden besteht eine solche heute immer noch nicht. Umgekehrt ist es auch eine Tatsache, dass eine völlige Unterdrückung von Ansteckungen massive Eingriffe in das Leben der Leute und in die Wirtschaft erfordern würde, die über längere Zeit kaum tragbar wären. Wir stehen erst am Anfang der zweiten Welle. Wir dürfen nur Massnahmen treffen, die auch längerfristig umsetzbar sind. Aber sollte sich die Situation verschlechtern, müssten Bund und Kantone die Schraube anziehen – bis hin zu einem Teil-Lockdown. Ein solcher könnte auch kurz ausfallen.

Dennoch sind gewisse Branchen der Wirtschaft wieder stark von den Einschränkungen betroffen und könnten in finanzielle Schwierigkeiten geraten. Wird ihnen der Bundesrat wie in der ersten Welle mit Notkrediten beistehen?
Wir werden sicher die bestehenden Instrumente wie die Kurzarbeit auch in dieser neuen Situation nutzen. Und neue Instrumente wie Erwerbsersatz für Selbständige oder Ausfallentschädigungen für Kulturunternehmen weiterführen. Der Bundesrat will nicht zulassen, dass gesunde wirtschaftliche Strukturen wegen den Corona-Massnahmen zerstört werden. Das hätte negative wirtschaftliche und gesellschaftliche Konsequenzen und wäre schlimm für unseren Wohlstand. Natürlich ist die Herausforderung dabei, nicht auch Geschäftsmodelle zu retten, die nicht überlebensfähig sind. Auch wird ein neues Programm für Nothilfe aufgelegt, das gemeinsam vom Bund und den Kantonen finanziert wird.

Was kommt schneller: eine dritte Welle oder eine Impfung?
Eine schwierige Frage! Natürlich hoffe ich auf eine wirksame, sichere und qualitativ gute Impfung! Da gibt es ja erfreuliche Signale. Wenn es uns nun gelingt, mit den jetzigen Massnahmen die Zahl der Ansteckungen und damit auch der Hospitalisierungen zu reduzieren, kommen wir hoffentlich gut ins neue Jahr. Und dann hoffen wir, dass das Impfen bald möglich sein wird. Aber auch im besten Fall braucht es Geduld: Es

geht um die freiwillige Impfung von Millionen Menschen. Das ist eine gewaltige logistische Herausforderung. Selbst wenn die Impfung einigermassen früh im nächsten Jahr kommt, wird es dennoch anspruchsvoll werden, ist eine weitere Welle möglich. Das bedeutet konkret: Wir müssen uns so aufstellen, dass wir mindestens diesen Corona-Winter mit den jetzigen Massnahmen durchstehen können.

TEIL 2

Der Bundesrat in der Rolle
des Krisenmanagers

Wann wurde das Thema Corona erstmals im Bundesrat diskutiert?
Ende Januar. Die Grundlage dafür war eine ausführliche Informations-
notiz, die das BAG vorbereitet hatte.

Wurden damals schon Massnahmen beschlossen?
Nein. Ende Januar war noch Vieles unklar. Meine Absicht war, das Problembewusstsein in der Regierung zu wecken und anzusprechen, was
da vielleicht auf die Schweiz zukommen könnte.

Wie hat sich der Bundesrat dann organisiert, als es ernst wurde?
Der Bundesrat erwartet von den verschiedenen Abteilungen der Verwaltung, die Lage in ihrem Zuständigkeitsbereich zu beobachten und
allenfalls den Bundesrat zu warnen: Achtung, hier geschieht etwas
Wichtiges, das die Regierung beschäftigen sollte. Es passiert also nicht
nichts, wenn der Bundesrat noch nicht aktiv geworden ist. Das BAG
und die Abteilung Übertragbare Krankheiten hatten sich denn auch
schon längst mit Corona beschäftigt gehabt, als daraus ein Thema auf
der Ebene Bundesrat wurde. Eine erste Corona-Taskforce innerhalb des
BAG formierte sich bereits im Januar. Der Bundesstab Bevölkerungsschutz befasste sich ebenfalls früh mit dem Thema. Es existierten folglich bereits Strukturen, die in der Lage waren, rasch auf das Auftauchen
des Virus zu reagieren.

Wer war denn dafür verantwortlich, dass das Thema auch auf der Ebene Bundesrat ankam?

Es gehört zu meinen Aufgaben, zu entscheiden, wann ich den Bundesrat mit einem Problem konfrontieren und damit in die Verantwortung ziehen muss. In meiner Beurteilung war es Ende Januar angezeigt, Corona zu einem Thema in der Regierung zu machen.

Gab es einen Zeitpunkt, zu dem der Bundesrat in eine Art Krisenmodus überging?

Ja, sicher. Aber bis es so weit ist, gilt es ein Grundproblem des Krisenmanagements zu lösen: Man muss anerkennen, dass es sich überhaupt um eine Krise handelt. Das ist gar nicht so einfach. Ich hatte anfänglich einen enormen Wissensvorsprung, weil sich das BAG in meinem Departement früh und intensiv mit dem Thema Corona befasste. Deswegen wusste ich, dass sich ein gravierendes Problem abzeichnete, von dem die Schweiz nicht verschont bleiben würde, ohne dass ich bereits das Ausmass hätte abschätzen können. Bei einigen anderen Departementen dauerte es verständlicherweise etwas, bis sie in den Krisenmodus wechselten.

Mussten Sie mit anderen Worten bei einigen Ihrer Kolleginnen und Kollegen viel Überzeugungsarbeit leisten?

Auch wenn wir leider wenig Zeit hatten für bilaterale Gespräche, standen wir immer in einem engen Kontakt. Das BAG und das Generalsekretariat des EDI operierten seit Ende Februar im Ausnahmezustand und arbeiteten sieben Tage in der Woche vielfach 16 Stunden am Tag. Es galt in dieser Phase, eine Unmenge von Entscheidungen vorzubereiten. Man kann nicht einfach in den Bundesrat gehen und sagen: Liebe Kolleginnen und Kollegen, wir sollten jetzt die Schulen schliessen! Alle diese Entscheidungen mussten gründlich vorbereitet sein. Darauf legte ich grossen Wert, was aber entsprechend zeitaufwendig war. Zudem tagten zu diesem Zeitpunkt auch die Eidgenössischen Räte. Diese Session war für mich eine der anspruchsvollsten meiner gesamten politischen Karriere – nicht wegen Corona. Ich vertrat im Parlament sehr viele grosse Dossiers – etwa die Ärztezulassung, die Weiterentwicklung der IV oder die Überbrückungsleistung für ältere Arbeitslose – und musste fast ständig dort sein. Den Rest der Zeit verbrachte ich damit, die Corona-Entscheidungen des Bundesrats vorzubereiten.

Verliefen die Sitzungen im Bundesrat kontrovers? Ging es um Grundsätzliches oder wurde mehr um Details gerungen?
Die Sitzungen waren – wie das eigentlich immer der Fall ist – sehr intensiv. Das Gremium segnet nie Anträge einfach ab, was gut ist, weil die Entscheidungen dann breiter abgestützt sind. Auch bei der ersten Sondersitzung von Ende Februar diskutierten wir intensiv. Bis Mitte März ging es vor allem um Beschlüsse aus meiner Zuständigkeit. Danach waren immer mehr Departemente direkt auch für die Krisenbewältigung verantwortlich. Etwa das Justizdepartement für die Grenzen, das VBS für den Militäreinsatz oder das Wirtschaftsdepartement für Notmassnahmen für Unternehmen.

Gab es Fraktionen in der Regierung, etwa eine Fraktion der Unbesorgten, eine Fraktion der Überbesorgten und eine Fraktion der Pragmatiker? Und gehörten stets die gleichen Bundesräte den jeweiligen Fraktionen an?
Es gab stets intensiven Austausch, alle brachten ihre Analysen und Überlegungen ein. Am Schluss aber einigten wir uns jeweils auf einen gemeinsamen Weg. Am Anfang der Krise spürte ich eine grosse Geschlossenheit im Bundesrat. Teile der Wirtschaft vorübergehend zu schliessen, ist als Entscheid nicht so kompliziert. Das war anders bei der Öffnung, wo sich schon die Frage stellte, wie und was öffnen wir zuerst. Das liess sich gut aufgrund von öffentlichen Äusserungen von Bundesratskolleginnen und -kollegen feststellen.

Hat Viola Amherd wirklich eine Ausgangssperre für alle Bürgerinnen und Bürger gefordert?

Ich werde sicherlich nicht rapportieren, wer was im Bundesrat sagt oder beantragt. Die Vertraulichkeit der Sitzungen erlaubt es uns, sehr offen miteinander zu sprechen und auch mal laut denken zu können. Bei allen Entscheiden diskutierten wir alle möglichen Varianten. Alles andere wäre nicht seriös. Im März war der Druck auf den Bundesrat riesig, noch strengere Massnahmen zu erlassen. Ich habe mich dagegen gewehrt, weil ich stets Lösungen suchte, die zur Schweiz passen. Die Schweizer Bevölkerung ist sich an viel Selbstverantwortung gewohnt, Entscheide müssen als sinnvoll und massvoll anerkannt werden, sonst werden sie nicht umgesetzt. Wenn die Bevölkerung aber wirklich überzeugt ist, dann greift die Eigenverantwortung auf bemerkenswerte Weise: So staunen immer wieder andere Länder, wieso hier die Stimmbürgerinnen und Stimmbürger beispielsweise Steuererhöhungen selbst zustimmen oder mehr Ferien ablehnen. Mir ist die persönliche Freiheit der Menschen sehr wichtig. Für mich gibt es keine Solidarität ohne Freiheit, aber das gilt auch umgekehrt. Eine Ausgangssperre kam für mich nicht infrage, weil eine solche Massnahme auf Dauer nicht tragbar gewesen wäre. Heute lässt sich bilanzieren, dass sich die Bevölkerungen in Nachbarländern mit Ausgangssperre nicht besser an die Aufforderung, zu Hause zu bleiben, gehalten haben als in der Schweiz ohne Ausgangssperre.

Mussten Sie aber nicht riskieren, dass man sie persönlich verantwortlich machen würde, wegen des Verzichts auf eine Ausgangssperre für den Tod vieler Menschen verantwortlich zu sein?

Das war tatsächlich zuweilen belastend. Ich erinnere mich, dass wir im EDI über ein Szenario eines Experten diskutierten, der prognostizierte, ohne vollständige Schliessung müsse die Schweiz mit 100 000 Toten rechnen. Ich wusste allerdings, dass ich mich nicht ausschliesslich auf Modelle und Hochrechnungen verlassen durfte. Es gab übrigens auch andere Expertenmeinungen. Bauchgefühl und Intuition sind in der Politik sehr wichtig. Es ist zentrale Aufgabe einer Regierung, dass sie bereit sein muss, Verantwortung zu übernehmen – im Wissen darum, dass sich Entscheidungen als falsch erweisen können. Man kann sich von dieser Verantwortung nicht einfach verabschieden.

War es für Sie nicht schwierig, dass es mit Ueli Maurer ein Mitglied im Kollegium gibt, das öffentlich sagte, die meisten Corona-Massnahmen seien übertrieben?
Kollege Maurer machte diese Position schon früh transparent. Dass im Bundesrat alle Haltungen diskutiert werden, ist wichtig und nötig. Es braucht Meinungsvielfalt, um gute Entscheide zu finden. Das zwingt alle Bundesratsmitglieder dazu, ihre Argumente zu überprüfen. Ich bin froh darüber. Denn mir ist bei Entscheidungen ohne jede Diskussion nicht wohl.

Wie häufig traf sich der Bundesrat in dieser Phase zu Sitzungen?
Die reguläre Sitzung am Mittwoch fand immer statt. Ergänzend wurden zahlreiche Sondersitzungen angesetzt, in der intensivsten Phase innert acht Tagen deren fünf. Es handelte sich immer um physische Sitzungen. Nur einmal, am 15. März, versuchten wir es an einem Nachmittag mit einer Telefonkonferenz. Aber das funktionierte aus technischen Gründen nicht gut. Bundespräsidentin Simonetta Sommaruga brach die Sitzung dann ab und ordnete an, dass sich alle am Abend um 18 Uhr in Bern treffen sollen. Dies führte dann zu einer gewissen medialen Aufregung. Eigentlich hätte die Sitzung diskret bleiben sollen, ging es doch bloss um eine Diskussion und nicht um Entscheidungen. Medienschaffende beobachteten jedoch das Eintreffen der Bundesrätinnen und Bundesräte an einem Sonntag in Bern, und dies bei anschwellenden Ansteckungszahlen. Daraus entstand eine riesige Erwartungshaltung.

Trafen Sie sich immer im Bundesratszimmer?

Nein. Im Bundesratszimmer immer dann, wenn der Bundesrat allein tagte. Bis zu zehn Personen können sich dort unter Einhaltung aller Corona-Regeln versammeln. Wurde eine grössere Zahl von Experten zur Sitzung eingeladen, fand diese im Bernerhof, dem Sitz des Finanzdepartementes, statt.

Hat der Bundesrat denn nie einen eigentlichen Krisenstab eingesetzt? Als Aussenstehender stellt man sich doch vor, dass genau das in einer Krise zuerst passiert: Es gibt einen Krisenstab, der im engeren Sinn für die Bewältigung der Krise zuständig ist.

Die Idee war zu Beginn der Krise, einen Ad-hoc-Bundesratsausschuss für Corona zu schaffen. Das setzten wir aber nicht um.

Weshalb nicht?

Es war am Anfang nicht absehbar, wie stark diese Pandemie alle Lebensbereiche betreffen würde. Wir gründeten erst mit der Ausrufung der ausserordentlichen Lage den Krisenstab des Bundesrats zur Bewältigung der Corona-Krise. Das Krisenmanagement funktionierte insgesamt gut. Aber es war damit ein Risiko verbunden, das sich mit der Zeit zu manifestieren begann. Es gab mehrere mit Corona beschäftigte Organisationsstrukturen, sodass es zuweilen Klärungsbedarf gab, wer für was eigentlich zuständig sei – etwa die Taskforce des BAG, der Bundesstab für Bevölkerungsschutz oder der eigentliche Corona-Krisenstab.

Wer gehörte dem Corona-Krisenstab des Bundesrats an?

Alle Departemente waren darin vertreten. Die Leitung übte mein ehemaliger Generalsekretär Lukas Bruhin aus. Er wollte den Bund eigentlich Ende Februar verlassen, um eine neue Stelle anzutreten. Aber ich habe ihn gebeten, länger zu bleiben, um diese Aufgabe zu übernehmen. Der Krisenstab wurde am Ende der ausserordentlichen Lage wieder aufgelöst.

Zuweilen wurde Kritik geäussert, dass die Behörden zu langsam arbeiten. Was meinen Sie dazu?

Alle arbeiteten viel und so schnell wie möglich. Man darf nicht vergessen, dass diese Krise punkto Dauer und Breite der Auswirkungen mit keiner anderen der letzten Zeit vergleichbar ist. Die Finanzkrise war ein Schock, betraf aber nur einen Teil der Wirtschaft, zwar sehr hart, aber letztlich weniger lang. Oder die UBS-Krise: Diese war in zwei, drei Monaten gelöst. Auch die Swissair-Krise spielte sich im Rahmen von Wochen ab. Bei Corona müssen wir aber in Jahren denken. Die Hauptphase dauert schätzungsweise 18 Monate und betrifft die ganze Bevölkerung. Wir müssen also Strukturen haben, die über einen solchen Zeitraum hinweg tragfähig sind. Sportlich gesprochen befinden wir uns in einem Marathon, nicht in einem Sprint.

Die FDP hat aus dieser Krise den Schluss gezogen, dass ein permanenter Führungsstab nötig sei, um in Krisensituationen rasch und effizient zu reagieren. Können Sie dieser Idee etwas abgewinnen?

Es gibt in Krisen zwei Dinge, die meiner Meinung nach zentral sind. Zunächst muss anerkannt werden, dass es sich um eine solche handelt. Das ist gar nicht immer so einfach. Und für die Bewältigung gilt es, so wenig wie möglich an den bestehenden Strukturen zu ändern. Die Strukturen bestehen ja in der jetzigen Form, weil man zur Überzeugung kam, sie würden ein gutes und effizientes Arbeiten ermöglichen. Die Mitarbeitenden in den verschiedenen Ämtern kennen sich, sie verfügen über etablierte Kommunikationswege, über eingespielte Entscheidmechanismen. Dieses Know-how, dieses Savoir-faire ist gerade im Moment der Krise besonders wichtig. Den grössten Fehler, den man bei Ausbruch einer solchen begehen kann, ist, alle bestehenden Strukturen wegzufegen, um neue für die Krisenbewältigung zu schaffen. Das ist gefährlich. Zudem fehlt meistens die Zeit dafür, weil dringender Handlungsbedarf besteht. Insofern trifft der Vorschlag der FDP durchaus einen zentralen Punkt: In einer Krise muss man sich auf bestehende, eingespielte und damit krisenfeste Strukturen verlassen können. In normalen Zeiten ist der Bundesstab Bevölkerungsschutz das Krisenorgan für die Bewältigung aller Ereignisse auf Bundesebene, bei denen es um den Schutz der Bevölkerung geht – von Erdbeben über Pandemien und AKW-Unfällen bis zu einem grossen Stromausfall. In Krisen der öffentlichen Gesundheit ist es in der besonderen Lage das EDI und in der ausserordentlichen Lage ein spezieller Krisenstab des Bundesrats.

Wo bleibt in diesem Überblick eigentlich die Bundeskanzlei?
Sie ist zentral als Stabsstelle des Bundesrats. Wenn dieser in einer Krisensituation speziell gefordert ist, gibt es eine Menge von Entscheidungen zu fällen, und hierbei muss die Bundeskanzlei sicherstellen, dass die Regierung effizient arbeiten kann.

Gerade in einer Krise ist es wichtig, dass der Bundesrat handlungsfähig bleibt. Hätte sich das Virus im Bundesrat ausgebreitet, wäre das sicher schlecht gewesen. Nun weiss man, dass es im engsten familiären Umfeld von Bundesrat Guy Parmelin Personen mit Corona-Erkrankungen gab. War das nicht ein Moment des Schreckens? Haben sich denn alle Mitglieder der Regierung testen lassen?
Ich erfuhr davon erst später. Die Ansteckungsgefahr war dann bereits vorbei. Im Generalsekretariat des EDI kam es auch zu einem Krankheitsfall. Die betroffene Person arbeitet zwar nicht in meinem direkten Umfeld, aber ich nahm einige Tage vor ihrem Test an einer Sitzung teil, wo sie ebenfalls anwesend war. Als der Test positiv ausfiel, war für mich klar: Oberstes Ziel muss sein, dass der Bundesrat funktionsfähig bleibt. Ich habe sofort die Bundespräsidentin und den Bundeskanzler informiert. Dann liess ich mich testen. Weil das Resultat bis zum Beginn der nächsten Bundesratssitzung noch nicht vorlag, nahm ich zuerst daran nur telefonisch aus meinem Büro teil. Das Ergebnis war dann negativ. Es gibt Empfehlungen, wie sich ein Bundesratsmitglied bei Corona-Verdacht verhalten soll. Einfach aufs Geratewohl testen, das haben wir

nicht gemacht. Natürlich tauschen wir uns untereinander auch über persönliche Erfahrungen mit dem Virus aus.

Der Bundesrat trat vor allem in der Anfangsphase sehr geschlossen auf. Es kam aber auch zu offensichtlichen Brüchen mit dem Kollegialitätsprinzip: Einmal sagte Ueli Maurer in einem Interview, dass er die ganze Corona-Aufregung für übertrieben halte und damit auch die meisten Massnahmen, die der Bundesrat beschloss. Und dann haben wir aufgrund einer Indiskretion zur Sitzung vom 22. April erfahren, dass der Aussenminister die rasche Aufhebung aller Corona-Schutzmassnahmen für den Detailhandel gefordert habe, allerdings vergeblich. Wie haben Sie, wie hat der Bundesrat darauf reagiert?
Es gab bis Ostern sehr wenig Leaks, was die Geschäfte des Bundesrats betraf. Das war die Periode der Schliessung. Danach war alles anders. Seit Ostern gab es leider kaum ein Papier, das ich in den Bundesrat gebracht habe und das nicht im Vorfeld an die Öffentlichkeit gelangt wäre. Ich bin lange genug in Bern tätig, um zu wissen, dass Indiskretionen leider im politischen Alltag vorkommen. Sie sind normalerweise einfach unangenehm. Doch in Corona-Zeiten war es zuweilen wirklich problematisch. Es kam vor, dass wir einen vertraulichen Antrag verteilen liessen, dessen Inhalt sich wenig später in den Medien fand, zuweilen teilweise erst noch falsch. Das trägt in Krisenzeiten zur weiteren Verunsicherung der Bevölkerung bei und kann zu problematischen Reaktionen wie Hamsterkäufen führen. Übrigens wird kein Mitglied der Regierung seine Position wegen einer Indiskretion ändern.

War es in den beiden Fällen nicht so, dass die Bundesräte Maurer und Cassis signalisieren wollten, sie seien nicht gleicher Meinung wie der Rest des Bundesratskollegiums?
Das ist Ihre Behauptung! Der Bundesrat muss vertraulich diskutieren können, damit wir gemeinsame Lösungen finden, die im Parlament und in der Bevölkerung mehrheitsfähig sind. Natürlich gibt es immer

wieder Mehrheitsentscheide im Bundesrat, nicht immer herrscht Einstimmigkeit. Wir achten auch darauf, dass möglichst kein Mitglied einen Entscheid öffentlich vertreten muss, der zutiefst gegen seine Überzeugung geht.

Ist das Schweizer
Regierungssystem krisentauglich?

Hat sich das Schweizer Regierungssystem in dieser Krise bewährt, wenigstens bis anhin? Oder funktionieren autoritäre Regierungsformen in Krisenlagen nicht besser, weil sie eine klarere Führung ermöglichen?

Ich bin der Ansicht, unser System habe sich ausserordentlich gut bewährt. Im Februar gab es ja die öffentliche Debatte: Zentralistische Staaten können Krisenmanagement, Demokratien nicht. China wurde als leuchtendes Vorbild hingestellt. Peking entscheidet, und am nächsten Tag befinden sich Millionenstädte unter Quarantäne. Dagegen schienen föderalistische Staaten mit der Krise hoffnungslos überfordert zu sein. Heute stelle ich fest, dass die Schweiz die erste Welle nicht schlechter bewältigt hat als zentralistische Staaten. Hoffentlich bewähren wir uns weiterhin. Die direkte Demokratie erfordert, dass die Regierung die Bürgerinnen und Bürger von der Notwendigkeit einer Massnahme überzeugt. Gelingt dies, tragen diese die Massnahmen mit. So werden diese dann sehr effektiv umgesetzt. Es ist eine Art gesellschaftlicher Konsens, mit dem wir gemeinsam ein Problem lösen. Das ist in der Schweiz insgesamt gut gelungen. Geholfen hat sicher auch, dass im Bundesrat unterschiedliche Meinungen zusammentrafen und wir um Entscheidungen ringen mussten. Deswegen war deren Akzeptanz in der Öffentlichkeit grösser. Allerdings ist dieser Ansatz aufwendiger.

Wäre ein Bundespräsident, eine Bundespräsidentin mit mehr Machtbefugnissen in einer solchen Situation nicht besser?

Die gemeinsame Verantwortung des Bundesrats gehört zur Schweizer DNA und ist seit Langem bewährt. Ein Bundespräsidium mit mehr Macht würde die Gefahr erhöhen, dass die übrigen Mitglieder des Bundesrats keine Verantwortung übernehmen wollen. In Nachbarländern scheint es doch so zu sein, dass die Regierungsspitzen hauptsächlich für Corona zuständig sind, was es den anderen Ministern erlaubt, ihren eigenen Geschäften nachzugehen. Zudem ist die Tatsache, dass Bundesräte relativ lang im Amt bleiben und häufig während mehrerer Jahre dem gleichen Departement vorstehen, ebenfalls von Vorteil. Sie kennen ihre Departemente gut.

Würden Sie dennoch gewisse Dinge verbessern?

Wir sind ständig am Ajustieren. Nach der Krise wird es dann eine umfassende Analyse geben. Was uns in dieser Krise stark geholfen hat, ist eine Entscheidung meines Vorvorgängers im EDI, Pascal Couchepin. Dieser kam nach der Erfahrung mit Sars zum Schluss, dass die bestehenden Gesetze für solche Fälle nicht mehr genügten. Er erteilte den Auftrag, ein neues Epidemiengesetz auszuarbeiten. Diese Arbeit habe ich im Jahr 2012 zu Ende geführt, das Ergebnis im Parlament und vor dem Volk vertreten. Nach der Zustimmung in der Volksabstimmung trat es 2016 in Kraft. Ohne dieses Gesetz hätten wir pausenlos über Kompetenzen und Zuständigkeiten gestritten. Gewisse Lücken weist das Epidemiengesetz aber noch auf. Diese haben wir mit dem Covid-Gesetz abgedeckt: Dort ist aufgeführt, was uns im Instrumentarium für die Krisenbewältigung noch gefehlt hat, etwa eine Grundlage für Beschaffungen von Masken oder eine Grundlage für die Kontrolle des Exports, etwa von Medikamenten.

TEIL 3

Parteipolitik und Notrecht

Die Corona-Krise brach während einer Parlamentssession aus. Die Parlamentarier entschieden sich dafür, diese unter leicht chaotischen Umständen vorzeitig abzubrechen. War es für die Exekutive nicht ein etwas spezielles Schauspiel, zu beobachten, wie sich eine Legislative freiwillig vom politischen Geschäft abmeldet?

Grundsätzlich ist es für ein Mitglied des Bundesrats heikel, ein Urteil über das Verhalten des Parlaments abzugeben. Es war sicher ein sehr unüblicher Vorgang. Ich gehörte selbst längere Zeit dem Parlament an und war auch Präsident des Ständerats. Die Räte und deren Traditionen liegen mir sehr am Herzen. Mir ist es wichtig, dass das Parlament funktioniert und eine starke Stellung im Zusammenspiel der politischen Kräfte einnimmt. Wenn ich an die Situation rund um Corona zurückdenke, wie sie sich im Monat März präsentiert hat, dann muss ich sagen, dass mich der Abbruch der Session etwas überrascht hat. Es gab relativ früh zwar einen Ordnungsantrag von Nationalrat Thomas Aeschi, diese vorzeitig zu beenden. Dies wurde noch klar abgelehnt.

Wie erklären Sie sich diesen Stimmungsumschwung?

Das ist für mich schwierig zu beurteilen. Der Parlamentsbetrieb ist keine Veranstaltung und deswegen nicht vom Veranstaltungsverbot betroffen gewesen. Es handelt sich um politische Arbeit, personalmässig von einer Grösse, die es einem Betrieb auch während der Krise erlaubt hätte, mit entsprechenden Sicherheitsmassnahmen weiterzuarbeiten.

Aber es gab für gewisse Leute noch andere Motive als Corona, um einen vorzeitigen Abbruch der Session anzustreben, heisst es. Die SVP habe die Überbrückungsrente für ältere Arbeitslose verzögern oder verhindern wollen.
Ich kann diese Frage nicht beantworten, weil ich die Überlegungen der SVP nicht kenne.

Diese Session machte ja auch Schlagzeilen wegen des Auftritts von Nationalrätin Magdalena Martullo-Blocher, die als einziges Mitglied des Parlaments mit einer Schutzmaske auftauchte und deswegen keinen Zutritt in den Saal erhielt. Empfanden Sie das als Vorwurf, das BAG oder Sie hätten nur ungenügende Schutzvorkehrungen für die Parlamentarier und Parlamentarierinnen getroffen?
Nein. Damals war die Diskussion über die Maske eine völlig andere als heute, mehr eine theoretische Fragestellung. Ein Maskenobligatorium zu diesem frühen Zeitpunkt wäre auf beträchtliche Ablehnung gestossen. Es hätte Mühe bereitet, dieses durchzusetzen.

Magdalena Martullo-Blocher soll eine Zeit lang der Bundesverwaltung chinesische Massnahmenpläne zur Bekämpfung der Epidemie übergeben haben – mit dem Hinweis, so sollte es die Schweiz auch machen. Stimmt dieses Gerücht?
Ich habe davon keinerlei Kenntnis.

Empfanden Sie den Abbruch der Session nicht fast wie einen symbolischen Akt: Das Parlament fühlt sich mit dem Krisenmanagement überfordert und verabschiedet sich in einer kritischen Phase von der politischen Bühne, was heisst, dass der Bundesrat allein agieren muss.
Der Vorgang hat mich wie gesagt etwas überrascht, weil ja nicht nur der Ratsbetrieb beendet wurde, sondern vorübergehend auch die Arbeit aller Kommissionen, mit Ausnahme der Finanzdelegation. Erst am

7. April begannen sich die Kommissionen in gewohntem Umfang wieder zu treffen.

Empfanden Sie diesen Zustand nicht als Erleichterung: Endlich einmal keine langfädigen Kommissionssitzungen, an denen Sie teilzunehmen hatten?
Für den Bundesrat war das Verstummen des Parlaments ein Mangel, und er hat schon Ende März wegen Corona eine ausserordentliche Session gefordert. Wir wollten, dass über unsere Beschlüsse so rasch wie möglich eine parlamentarische Diskussion stattfinden kann. Es gab ja auch die Mobilisierung der Armee, die vom Parlament zwingend innerhalb einiger Wochen bestätigt werden musste. Immerhin setzte die Sitzungstätigkeit der Parlamentskommissionen bald wieder ein.

Gab es in dieser Phase überhaupt noch Kontakte mit den Parteien?
Wir haben informell immer die Kontakte weitergepflegt und sehr rasch auch Zusammenkünfte organisiert. Ich erinnere mich zum Beispiel an ein Treffen mit den Parteipräsidenten, wozu die Bundespräsidentin am 26. März eingeladen hat. Mit den Kantonen kamen wir am 16. März zusammen, zudem gab es einen Austausch mit den Sozialpartnern. Am 22. März fand ein runder Tisch mit Vertretern der Tourismusbranche sowie UVEK, WBF und EDI statt.

Was war denn der Zweck dieser Treffen? Wollte man die Anwesenden einfach über die Beschlüsse des Bundesrats ins Bild setzen oder diskutierte man gemeinsam mögliche Massnahmen im Kampf gegen das Virus?
Alle diese Kontakte verliefen ausgesprochen konstruktiv. In dieser Anfangsphase herrschte eine grosse Einigkeit über den Weg, den die Schweiz einschlagen soll. Vielleicht war das paradoxerweise gerade deshalb der Fall, weil die Situation damals sehr unübersichtlich war. Über die Krankheit gab es noch wenig gesichertes Wissen, es war schwierig,

abzuschätzen, wie sie sich entwickeln würde. Man orientierte sich vor allem an Italien und nahm an, dass das, was man dort sah, wenig später auch in der Schweiz passieren würde. Diese grosse Einigkeit am Anfang hat dem Bundesrat geholfen, als er die sehr einschneidenden Massnahmen treffen und – gestützt auf Epidemiengesetz und Verfassung – auch Grundrechte einschränken musste. Ich empfand diese Einigkeit von Politik, Medien, Wirtschaft als ausserordentlich.

Sie dauerte ja auch nicht ewig. Wann änderte sich dies?
Über Ostern.

Weshalb gerade über Ostern?
Der Umschwung hing mit der Entwicklung der Pandemie zusammen. Anfang April begannen die Ansteckungen deutlich zurückzugehen. Die Stimmung begann sich zu ändern und führte zur zentralen Frage, wie man die anstehende Öffnung bewerkstelligen sollte. Mir war immer klar, dass dies kein einfacher Schritt sein würde. Es ist einfach, auf einen Schlag ganze Wirtschaftsbranchen zu schliessen. Sie wieder zu öffnen, ohne allzu grosse Widersprüche oder Ungerechtigkeiten zu schaffen, ist anspruchsvoll. Schon Ende März hat der Bundesrat erste Überlegungen angestellt, wie man das angehen könnte. Am 8. April hat er hierzu ein ziemlich detailliertes Konzept beraten, also nur drei Wochen nach den Schliessungen. Als sich in der Schweiz der Eindruck festigte, die Massnahmen würden wirken und das Schlimmste lasse sich wohl vermeiden, stellte sich die Frage, wer als Erster wieder zu einer gewissen Normalität zurückkehren könne. Es waren die Wirtschaftsverbände, die sich zuerst zu Wort meldeten. Dies löste eine eigentliche Welle mit Forderungen nach Lockerungsmassnahmen aus, insgesamt ziemlich unkoordiniert und ziemlich heftig.

Linke versus rechte Problemlösung?

Als die grosse Einheit vorbei war, fächerte sich das Meinungsspektrum rasch auf. Gab es danach nicht eine linke Corona-Politik, die den Schutz des Menschenlebens über alles andere setzte und deshalb dem Staat sehr viele Kompetenzen einräumen wollte, und eine rechte Corona-Politik, die mehr Rücksicht auf die Wirtschaft nahm, Todesfälle in Kauf nehmen wollte und an die Eigenverantwortung der Bürgerinnen und Bürger appellierte?

Es gab und gibt legitime Debatten über die Massnahmen. Man kann dabei Phasen unterscheiden: Die erste Phase war der Ausbruch der Krise, der Bundesrat musste rasch handeln, die Unsicherheit im Land war beträchtlich – und auch die Geschlossenheit. In dieser Phase war die Einigkeit über den eingeschlagenen Weg gross. Dann kam die zweite Phase, der Versuch einer Rückkehr zur sogenannten Normalität. Das bedeutete auch, dass wieder die gewohnte Debatte unter den politischen Kräften stattfand. Man deutete die Krise aufgrund politischer Grundüberzeugungen. Aber es zeigte sich rasch, dass der vermeintliche Konflikt zwischen Gesundheit und Wirtschaft, der zuerst einleuchtend scheint, keiner ist. Es handelt sich um zwei Seiten derselben Medaille. Es gibt kein Entweder-Oder.

Wie kommen Sie zu diesem Schluss?

Der Blick auf andere Länder lässt diesen Schluss als plausibel erscheinen. Nehmen wir Schweden. Kritikerinnen und Kritiker der Bundesratpolitik sagten im April, dass Schweden das beste Modell für die Bekämpfung des Virus habe. Die Bewegungsfreiheit der Schweden sei kaum eingeschränkt und die Wirtschaft werde nicht abgewürgt. Tatsache ist aber, dass es dort bis heute mehr Todesfälle gab als in anderen Ländern. Und die Wirtschaft ist erst noch stärker eingebrochen als anderswo. So kam der Tourismus in Schweden aus Furcht vor Ansteckungen zum Erliegen, während er in der Schweiz über den Sommer vor allem in den Bergkantonen regelrecht boomte. Nein, bei diesem Widerspruch handelt es sich um einen Scheinkonflikt. Es geht nicht darum, sich einfach zwischen dem Schutz der Wirtschaft und dem Schutz der Gesundheit zu entscheiden. Es geht darum, ein Optimum zu finden, das beide Ziele so gut wie möglich erfüllt.

Aber das wussten Sie am Anfang der Krise nicht, weshalb man kritisierte, der Bundesrat opfere die ganze Wirtschaft für die Rettung von ein paar Menschenleben.
Natürlich gab es diese Kritik. Aber es war auch nicht so, dass alle eher bürgerlich denkenden Menschen sagten: «Die Gesundheitslage ist mir egal, Hauptsache, die Wirtschaft läuft.» Auch im bürgerlichen Lager finden sich beispielsweise Personen, die Vorerkrankungen haben und die sich als speziell gefährdet betrachten. Aus dem linken Politspektrum hörte ich wiederum von manchen Eltern, dass die Kinder Fussball spielen möchten, aber wegen der übertriebenen Massnahmen des Bundesrats sei das nicht mehr möglich. Die Konfliktlinie in Bezug auf Corona folgte nicht einem einfachen Links-Rechts-Muster. Gerade die Ausstiegsphase war anspruchsvoll für den Bundesrat. Bei den Massnahmen, die der Bundesrat für die Eindämmung der zweiten Welle ergriff, stand er vor den gleichen Fragen. Aber da war die Akzeptanz schon grösser, dass es kein Entweder-Gesundheit-oder-Wirtschaft gibt. Es gibt nur sowohl als auch. Schwierig ist, das Optimum zu finden, mit welchem Mittelweg wir die Bevölkerung schützen und die Wirtschaft wenig beeinträchtigen. Bitter ist, dass dafür Bereiche wie Kultur und Sport oder auch die Gastrobranche harte Einschnitte erfahren. Immerhin verabschiedete der Bundesrat bereits im Frühjahr Massnahmen, um die wirtschaftlichen Folgen gezielt abzufedern.

Denken Sie, dass Sie dieses Optimum getroffen haben?

Lockern wir zu viel, lockern wir zu wenig? Am Ende ist es eine Frage der Verantwortlichkeit. Ich habe sehr viele Ratschläge erhalten, sehr viele Ideen, wie man es besser machen könnte. Aber die Verantwortung für die Entscheidungen delegierte man dann doch gerne an den Bundesrat! Festhalten lässt sich: Unsere Massnahmen zur Bewältigung der ersten Welle waren im internationalen Vergleich gemässigt und zeitlich stark beschränkt. Einen echten Lockdown wie etwa Spanien oder Frankreich hatten wir in der Schweiz nie. Auch bei der zweiten Welle gehen die bundesrätlichen Massnahmen bisher weniger weit als etwa in den Nachbarländern. Sollten wir damit die Infektionen nicht in den Griff kriegen, so braucht es weitere und noch einschneidendere Massnahmen. Dann wird es wohl auch wieder zu Schliessungen kommen. Zudem gibt es Kantone, wie etwa Genf, der Jura oder das Wallis, die wegen ihrer epidemiologischen Lage zu den nationalen Massnahmen noch stärkere kantonale beschlossen haben. Das ist richtig, wichtig und so gewollt.

Die Wirtschaft in Zeiten von Zwangsschliessungen

Eine Zeit lang war der Druck aus der Wirtschaft oder den Verbänden sehr gross, die Schliessungsmassnahmen rascher und umfassender zurückzunehmen. War es nicht schwierig, einem solchen Trommelfeuer ausgesetzt zu sein?

Ich empfand das als ziemlich normal. Zudem tönte es hinter verschlossenen Türen oft deutlich moderater als in den medialen Positionsbezügen. Als Bundesrat muss man mit solchen Druckversuchen umgehen können. Unsere Aufgabe ist es, allen zuzuhören und dann eine Synthese aus den unterschiedlichen Forderungen zu finden. Deswegen haben wir auch unsere ursprünglichen Pläne zum Teil angepasst und in gewissen Bereichen schneller und umfassender geöffnet – immer im Bestreben, diese gute Balance zwischen den beiden Zielsetzungen zu finden. Nicht alle Verbände haben übrigens die Folgen ihrer Forderungen wirklich bedacht. Die Wirte beispielsweise wollten möglichst rasch wieder öffnen. Wir fragten: «Seid ihr sicher, dass ihr den Wegfall der Kurzarbeit wegen der Öffnung verkraften könnt?» Der Verband wollte unbedingt wieder Gäste in den Restaurants sehen. In der ersten Woche der Öffnung besuchte ich verschiedene Lokale – etwa in Bern oder Fribourg –, weil mich die praktische Umsetzung der Massnahmen interessierte. Doch viele Tische waren leer. Viele Gäste blieben aus Furcht vor einer Ansteckung zu Hause. Wirte verloren in dieser Phase Geld und waren unzufrieden.

Gerade unter Wirten galten Sie aber als Bremser in Bezug auf Locke-rungen.
Als die Forderung kam, ab dem 27. April alle Massnahmen aufzuheben, habe ich mich dagegengestellt. Das stimmt. Ich wollte dafür die Verant-wortung nicht übernehmen.

Sie sollen in dieser Situation gesagt haben, Sie würden einen solchen Beschluss nicht unterschreiben. Stimmt das?
Ich war flexibel und wehrte mich nicht generell gegen raschere Norma-lisierungsschritte, wenn es sich verantworten liess. Aber ich sah immer auch eine klare Grenze dafür. Sie befand sich dort, wo man uns hätte Fahrlässigkeit vorwerfen können.

Wie hätten Sie reagiert, wenn eine Mehrheit des Bundesrats Ihre Po-sition nicht geteilt und eine sofortige Öffnung beschlossen hätte?
Diese Frage stellte sich mir zum Glück nicht.

Haben Sie dem Glück etwas nachgeholfen, indem Sie sicherstellten, dass Sie gar nie in die Minderheit versetzt würden?
Meine Kolleginnen und Kollegen wissen, dass ich durchaus flexibel sein kann. Ich bin nicht einfach stur.

Aber als von bürgerlicher Seite der Antrag auf sofortige Aufhebung aller Massnahmen in den Bundesrat kam, hätten Sie theoretisch in die Minderheit versetzt werden können?
Bundesratsmitglieder agieren nicht wie Parteisoldaten.

Wie hätten Sie dann reagiert? Hätten Sie das Kollegialitätsprinzip verletzt und die Öffentlichkeit wissen lassen, dass sie die Verantwor-tung für die Folgen dieses Entscheids nicht übernehmen werden?
Das Kollegialitätsprinzip ist ein sehr hohes Gut, weil unsere Regierung so funktioniert. Ich bereitete mich wie gesagt so gründlich vor, dass das

gar nie ein Thema wurde. Dass das Risiko einer brutalen Desavouierung im Bundesrat immer besteht, ist einem stets bewusst. Aber wie man darauf reagieren würde, hängt von den konkreten Umständen ab. Die Frage lässt sich nicht theoretisch beantworten.

Die Forderung nach einem sofortigen Ausstieg aus dem Lockdown ertönte aber auch aus dem Parlament. Auch da hätten Sie trotz aller Vorbereitung leicht in die Minderheit versetzt werden können.
Das geschah in der Sondersession des Parlaments Anfang Mai. Es herrschte eine gewisse Nervosität. Im Parlament äusserte sich dies in der Fülle von Vorstössen, die zuweilen widersprüchlich waren.

Der Zweck der Sondersession war doch, die Notkredite durch das Parlament bewilligen zu lassen.
Das ist so. Aber es ging auch darum, Vorstösse zu behandeln. Das war ein wichtiger Schritt auf dem Weg zu einer Normalisierung des politischen Lebens.

Wie viele Vorstösse zu Corona wurden vom Parlament bis Ende September eingereicht?
Über 160.

Ist das nicht enorm ineffizient? Stellt es nicht eine Verschwendung von Arbeitszeit dar, all diese Vorstösse zu beantworten?
Es handelt sich um ein parlamentarisches Recht. Die Beantwortung von Vorstössen absorbiert aber tatsächlich ziemlich viele Ressourcen, gerade auch im BAG. Man muss wissen, dass alle Vorstösse und die dazugehörigen Antworten in drei Sprachen übersetzt werden. Sie gehen in die Ämterkonsultation bei den anderen Departementen, dann kommen sie in das Mitberichtsverfahren des Bundesrats und schliesslich in den Bundesrat. Das ist nötig, weil alle Antworten letztlich die Position des Gesamtbundesrats wiedergeben. Mit diesem Verfahren wird für eine Ko-

härenz der Position des Bundesrats gesorgt. Es ist ein beachtlicher Aufwand. Als nach dem Shutdown des Parlaments erstmals wieder Kommissionssitzungen stattfinden konnten, führten wir die auch in der bisherigen Weise durch. Ein Parlamentsmitglied reiste mit einem Ordner mit 100 Fragen an mich nach Bern, die mein Departement innert zweier Tage beantworten musste. Aber es bestand verständlicherweise damals auch ein grosses Informationsdefizit unter den Parlamentsmitgliedern.

Krisenmanagement
im nationalen Alleingang

Ein Wort zur Aussenpolitik: Wurde deren Bedeutung durch die Krise gestärkt oder im Gegenteil abgeschwächt?
Am Anfang fand unter dem Eindruck des ersten Schocks eine Rückkehr zu nationalstaatlichem Denken statt. Grenzen wurden geschlossen, jeder Staat versuchte für sich Masken zu beschaffen, der Export von wichtigen Gütern oder Medikamenten wurde zuweilen blockiert. Das war eine naheliegende erste Reaktion. Dann setzte eine erste Entspannung ein. Deutschland gab etwa blockierte Lieferungen von medizinischen Hilfsgütern für die Schweiz rasch wieder frei. Es begann sich international die Einsicht immer stärker durchzusetzen, wie notwendig eine grenzüberschreitende Zusammenarbeit gerade in einer Pandemie sei. Das Problem ist ein internationales, weshalb es sinnvollerweise auch nur international koordinierte Antworten darauf geben kann. So war gerade am Anfang die WHO für uns ganz wichtig. Sie war – gemeinsam mit dem ECDC – für uns die beste Informationsquelle.

Wie entwickelten sich die Beziehungen zu den umliegenden Staaten?
Wir haben in den letzten Jahren viel in die Kontakte mit unseren Nachbarn investiert. So habe ich etwa 2012 mit meinem deutschen Kollegen ein jährliches Treffen der Gesundheitsminister aller deutschsprachigen Länder initiiert. Diese Beziehungen erwiesen sich in der Krise als sehr wertvoll. Man kennt sich persönlich, besitzt die Handynummer der Amtskolleginnen und -kollegen und kann sie direkt kontaktieren. Zudem stehen wir in regelmässigem Austausch mit der EU. Die Schweiz

wird immer als Beobachterin an die Treffen der EU-Gesundheitsminister eingeladen.

Das verhinderte allerdings gewisse Probleme mit den Nachbarstaaten nicht. So schloss etwa Italien mitten in der Nacht die Grenzen, ohne dass die Schweiz etwas gewusst hätte. Oder Deutschland blockierte, wie erwähnt, Lieferungen mit medizinischen Hilfsgütern.
Sicher gab es solche Vorkommnisse. Aber in einer Krise sind die normalen Abläufe nicht mehr in jedem Fall sichergestellt.

Gab es Kontakte mit China?
Ich hatte keine.

Die Schweiz übernahm in einer späteren Phase der Krise Patientinnen und Patienten aus dem Ausland, weil sie über nicht belegte Betten auf den Intensivstationen verfügte. Hätte man hier nicht etwas grosszügiger sein sollen, um Solidarität, etwa mit dem stark betroffenen Italien, zu bekunden?
Der Bundesrat war da nicht direkt involviert. Diese Hilfe war das Resultat regionaler grenzüberschreitender Kontakte. Die Kantone haben da eine wichtige Rolle gespielt.

Was die Wirtschaft betrifft, wäre es interessant, zu wissen, ob diese beim Beschluss der Lockdown-Massnahmen im Bundesrat überhaupt ein Thema war. Oder handelte der Bundesrat nach dem Grundsatz: Wir schliessen jetzt mal und schauen dann, was passiert?
Über die Auswirkungen auf die Wirtschaft haben wir schon beim Ergreifen der Massnahmen diskutiert. Aber uns fehlte die Zeit, um eine Schliessung auf der Basis von Schätzungen über das mögliche Schadenspotenzial zu verfügen. Es war in der kurzen Zeit nicht möglich, solche Zahlen zu erstellen. Dass die Schliessungen enorme Konsequenzen haben würden, nicht nur in wirtschaftlicher Hinsicht, war uns völlig klar.

Die Kernüberlegung war, dass die Ansteckungswelle ganz rasch gestoppt werden musste, weil sonst wirklich ein gravierendes Problem entstanden wäre. Im Tessin und im Kanton Waadt waren wir übrigens nicht sehr weit weg von einer solchen Situation. Immerhin beschloss der Bundesrat ebenfalls rasch erste Hilfsmassnahmen. Schon mit dem Schliessungsentscheid vom 16. März wurden dafür 10 Milliarden Franken gesprochen, nur vier Tage später folgte dann das grosse Paket mit 40 Milliarden Notkrediten. Das wäre nie möglich gewesen, wenn es nicht schon entsprechende Vorbereitungen gegeben hätte. Viele waren überrascht über dieses Tempo.

Waren Sie für diese Massnahmen zuständig?
Nein, der erste Antrag kam vom Wirtschaftsdepartement und betraf die Arbeitslosenhilfe. Der zweite stammte vom Finanzdepartement und betraf die eigentlichen Notkredite. Die Idee, diese über die Banken auszuspielen, entstand dort. Von Anfang Januar bis Mitte Februar war das BAG in Sachen Corona federführend, von Mitte Februar bis Mitte März lag die Hauptverantwortung bei mir und ab Mitte März dann beim Gesamtbundesrat. Von da an waren auch die anderen Departemente direkt mit Corona-Themen befasst. Und ich kann nicht genug betonen, wie ausserordentlich gut der Bundesrat in dieser Zeit als Team funktioniert hat.

Wie hat man die Höhe dieser Notkredite festgelegt? Weshalb waren es gerade 40 Milliarden?
Diese Zahl beruhte auf Berechnungen des Finanzdepartements, das von der Wertschöpfung der betroffenen Branchen ausging. Es wurden dann Schätzungen über die wahrscheinlichen Ausfälle erstellt und diese Zahlen grosszügig aufgerundet. Damals rechneten wir damit, dass aus den 40 Milliarden schliesslich etwa 70 Milliarden würden.

Hat Sie diese Zahl nicht ein wenig schockiert? Man bewilligt auch als Bundesrat nicht jeden Tag 40 Milliarden!

Es schien uns zwingend zu sein. Wir wollten nicht riskieren, dass unsere Wirtschaft kollabiert. Mittlerweile zeichnet sich nach der ersten Welle ein geringerer Rückgang der Wirtschaft ab als befürchtet. Ein kleinerer jedenfalls als etwa in Deutschland oder Österreich, wo sich Corona weniger verbreitet hatte als in der Schweiz. Gemäss unseren Schätzungen werden wir für diese Phase bedeutend weniger als 40 Milliarden ausgeben müssen. Der Bundesrat hat für die erste Welle, das zeigen mir diese Zahlen, den Mittelweg zwischen Schutz der Bevölkerung und Schutz der Wirtschaft nicht so schlecht getroffen. Die wirtschaftlichen Folgen der zweiten Welle sind noch nicht abschätzbar, zumal Bund und Kantone und auch die umliegenden Länder die Massnahmen fortlaufend anpassen. Mit dem Covid-Gesetz wurden allerdings solide Grundlagen geschaffen, um rasch wirtschaftliche und sozialpolitische Unterstützungsmassnahmen ergreifen zu können. Ein wichtiges Element ist die verlängerte und ausgeweitete Corona-Erwerbsersatzentschädigung. Viele Selbstständigerwerbende und Personen in arbeitgeberähnlicher Stellung sind nach wie vor oder erneut von den Massnahmen gegen das Corona-Virus stark betroffen, auch wenn sie ihr Unternehmen nicht schliessen müssen. Auch für den Sport- und Kulturbereich steht weiterhin branchenspezifische Hilfe zur Verfügung. Auch sie sind von der Krise und den Weisungen der Behörden stark betroffen.

Der Eindruck kam aber auf, dass man das Geld in Bern mit beiden Händen verteile. Man müsse bloss ein Formular ausfüllen, und schon sei man ohne weitere Kontrollen im Besitz eines Notkredits.

Es wäre natürlich möglich gewesen, mit viel administrativem Aufwand diese Gesuche zu kontrollieren, was den raschen Zugang zu den Notkrediten sehr erschwert hätte. Möglicherweise müssen wir damit am Ende etwas mehr Kreditausfälle in Kauf nehmen. Aber oberstes Ziel war es, schnell vorzugehen. Es sollten keine gesunden wirtschaftlichen

Strukturen verloren gehen. Ich spreche von Strukturen, nicht von Umsätzen. Der Staat ist keine Umsatzversicherung. Das Risiko allerdings besteht natürlich, dass nun einige Geschäftsmodelle, die schon beim Ausbruch der Krise nicht mehr überlebensfähig waren, etwas länger bestehen bleiben.

Gewöhnen sich die Leute so nicht an den Gedanken, dass der Bund stets zur Stelle sein wird, wenn irgendwelche Schwierigkeiten auftauchen?
Die Alternative hätte geheissen, nichts zu machen, um den Geschäftsinhaberinnen und -inhabern eine Lektion zu erteilen, dass man grosse Reserven für Zeiten der Unsicherheiten und der erhöhten Risiken anlegen sollte. Nein, diese Hilfe gehörte zu unseren Pflichten als Bundesrat. Der Bund zieht seine Kraft und seine Mittel nur aus dem Kollektiv. Die Bürgerinnen und Bürger zahlen Steuern. Kann man, wenn schwierige Zeiten kommen, als Regierung einfach sagen, vielen Dank für das Geld, aber wir machen nichts? Wir sind da für die Schweiz, für die Bewohnerinnen und Bewohner dieses Landes, denen es gut gehen soll.

Die Verschuldung, die jetzt entsteht, ist enorm. Wie lässt sich diese wieder abbauen?
Der Bundesrat rechnet derzeit aufgrund der ersten Welle mit gegen 20 Milliarden neuer Schulden. Ein Teil davon ist die grosszügige Zusatzfinanzierung von rund 14 Milliarden für die Arbeitslosenversicherung. Man hätte natürlich auch die Versicherungsbeträge erhöhen können, um die zusätzlichen Ausgaben wegen der Krise zu finanzieren. Aber es ist überhaupt nicht der Moment, um die Arbeit zu verteuern. Wir müssen Arbeitsplätze über die Krise hinwegretten. Deshalb hat der Bundesrat auch die maximale Bezugsdauer der Kurzarbeitsentschädigung verlängert.

Plädieren Sie für Steuererhöhungen?

Nein, absolut nicht. Das wäre falsch. Man muss sehen, dass die 20 Milliarden nicht einmal den Überschüssen entsprechen, die der Bund in den letzten 20 Jahren erzielt hat.

Eine der Folgen dieser Krise ist doch, dass der Staat seinen Einflussbereich markant ausgebaut hat. Er hat in einer Art und Weise in unser tägliches Leben, in die Abläufe der Wirtschaft eingegriffen wie kaum jemals zuvor. Zudem verteilt er Milliarden in grossem Stil, die er über Verschuldung finanziert. Droht der Staat nicht allmächtig zu werden?

Es ist tatsächlich ausserordentlich, welche Massnahmen der Bundesrat treffen musste und getroffen hat. Der Mensch braucht Freiheiten, die Firmen brauchen Planungssicherheit. Notrecht verträgt sich damit schlecht. Deshalb muss ein solcher Eingriff in alle Lebensbereiche eine absolute und zeitlich beschränkte Ausnahme bleiben. Ich kann die Logik nicht teilen, solche Eingriffe drohten nun regelmässig vorzukommen, weil sie einmal passiert seien.

War der Griff zum Notrecht unvermeidlich? Hätten sich vergleichbare Massnahmen nicht auf anderen Wegen implementieren lassen?

Aus rein juristischer Sicht hätte für die Bekämpfung der Pandemie die besondere Lage laut Epidemiengesetz wohl genügt. Für die Schliessungen von Schulen, Veranstaltungen, Restaurants wäre man ohne Notrecht ausgekommen. Dieses kam nur dort ins Spiel, wo für eine Massnahme im Epidemiengesetz keine juristische Basis vorhanden war. Man hat damals, als man dieses Gesetz formulierte, nicht an alles gedacht, was jetzt notwendig ist. Ein Beispiel: Der Bund verfügte über keine Kompetenzen für die Beschaffung von Arzneimitteln oder für die Kontrolle von Exporten. Wenn etwa jemand eine Maschine, die für die Schweiz in einer Krise von zentraler Bedeutung ist, ins Ausland verkaufen will, sollte man das verhindern können. Diese Situation trat zwar nicht ein, aber wir schufen, gestützt auf das Notrecht, die Möglichkeit eines derartigen Exportverbots. Es handelt sich bei der Ausrufung der ausserordentlichen Lage laut Epidemiengesetz um einen politischen Entscheid, was einen Rückgriff auf die allgemeine Notrechtsklausel in der Verfassung möglich machte.

Wie das Parlament in einem Notrechtregime funktioniert, scheint aber nicht geklärt zu sein. Ist das nicht ein Mangel?
Zuerst einmal gilt es in Erinnerung zu rufen, dass das Notrecht nur einen kleinen Teil der staatlichen Aktivitäten betraf. Ganz vieles war davon nicht betroffen, die Institutionen funktionierten wie immer, etwa Vernehmlassungsverfahren oder die Kommissionsarbeit des Parlaments. Aber die Rolle des Parlaments in einer solchen Situation ist tatsächlich nicht wirklich geklärt. Nun trifft eine Situation mit Notrecht nicht so häufig ein, letztmals während des Zweiten Weltkriegs. Der Bundesrat gab sich Mühe, die normalen Abläufe möglichst aufrechtzuerhalten. Und Notrecht ist Recht, verankert in der Bundesverfassung für Notsituationen.

Es wurde etwa vorgeschlagen, dass eine ständige Parlamentsdelegation die Massnahmen des Bundesrats während eines Notrechtregimes begleitet und kritisch überprüft. Würden Sie als Bundesrat so etwas begrüssen?
Es ist nicht so, dass wir in der ausserordentlichen Lage ohne Kontrolle des Parlaments gearbeitet hätten. Schon am 23. März traf sich der Bundesrat mit der Finanzdelegation zu einer intensiven Diskussion. Was den Vorschlag einer ständigen Delegation betrifft, sehe ich allerdings ein gewisses Problem. Wo es um exekutive Dinge geht – um Massnahmen, die ergriffen werden, um Abläufe, die geändert werden, um Verordnungen, die erlassen werden – ist eine gute Information des Parlaments sinnvoll. Aber wäre eine Delegation wirklich in der Lage, für das gesamte Parlament zu sprechen? Die Teilung der Macht zwischen Exe-

kutive und Legislative ist wichtig und richtig. Das heisst aber auch, dass der Bundesrat und das Parlament unterschiedliche Aufgaben haben. Ich hätte grossen Respekt vor dem Versuch, die Kompetenzen zu mischen.

Sie sind also aus grundsätzlichen Überlegungen gegen eine parlamentarische Notrechtsdelegation?
Das meine ich nicht. Ein solches Gremium könnte gut sein, um Konsultationen zu pflegen, um einen Austausch zu ermöglichen. Aber bei Entscheidungskompetenzen habe ich Fragezeichen. Ich will allerdings keine vorschnellen Schlüsse ziehen, solang ich kein konkretes Projekt beurteilen kann.

Sie sehen also die Gefahr, dass eine solche Delegation gleichsam in eine exekutive Rolle rutscht, indem sie mit dem Bundesrat Massnahmen diskutiert, beschliesst und damit quasi mitregiert?
Das dürfte sicher nicht sein. Die Funktionen müssen klar getrennt bleiben.

Aus staatspolitischer Sicht stellt das Verhältnis zu den Kantonen während der Krise ein Problem dar. Jedenfalls dominierte der Eindruck von zahlreichen Konflikten, Dissonanzen und Koordinationsproblemen.
Die Kantone waren jedenfalls dankbar dafür, dass der Bundesrat beim Ausbruch der Krise die Grossveranstaltungen verboten und damit die Verantwortung übernommen hat. Das ist auch nachvollziehbar. Als sich das Virus rasch zu verbreiten begann, konnte man nicht einfach zu den 26 Kantonen sagen: Bitte organisiert euch! Dafür fehlte die Zeit. Auch zwei Wochen später bei der Ausrufung der ausserordentlichen Lage hörte ich aus keinem Kanton die Bemerkung, das sei falsch, eine Missachtung des Föderalismus.

Aber später änderte dies dann!

Später gab es tatsächlich Kritik von unterschiedlicher Seite. Der mächtige Bundesrat habe nur ein Ziel, wie nach dem Zweiten Weltkrieg das Notrecht möglichst lang in Kraft zu lassen, die politischen Rechte auszuhebeln, das Parlament zu marginalisieren. Ich war, ehrlich gesagt, etwas beleidigt, diese Kritik zu vernehmen. Es handelt sich um eine Unterschätzung des Bundesrats in fast unglaublicher Weise.

Weshalb Unterschätzung?

Man dachte, dieser Bundesrat sei nicht reif genug oder klug genug, um zu sehen, dass dieses Notrechtregime zeitlich sehr begrenzt sein müsse. Tatsächlich waren wir, als diese Kritik erstmals auftauchte, bereits an der Vorbereitung des Ausstiegs aus der ausserordentlichen Lage mit seinen Notrechtsklauseln.

Aber vonseiten der Kantone nahm die Kritik mit der Zeit deutlich zu.

Der Bundesrat war auch während der ausserordentlichen Lage bestrebt, in engem Kontakt mit den Kantonen zu bleiben. Zuweilen führten wir zu gewissen Massnahmen eine Art Vernehmlassung durch oder konsultierten die Präsidentinnen und Präsidenten der verschiedenen interkantonalen Konferenzen – vor allem diejenigen für Gesundheit und für Volkswirtschaft oder für Bildung, obwohl keine Pflicht bestand, dies zu tun. Wir bemühten uns sehr um den Einbezug der Kantone, soweit wir die Zeit und die Möglichkeiten dafür hatten – was fast immer der Fall war. Als dann die ausserordentliche Lage und damit das Notrechtregime aufgehoben wurde, standen die Kantone wieder selbst in der Verantwortung.

Diese schienen aber rasch teilweise überfordert, etwa bei der Frage der Wiedereröffnung der Schulen. Zuweilen ertönte rasch erneut der Ruf nach dem Bund, der das kantonale Wirrwarr beenden müsse. Haben Sie da nicht etwas geschmunzelt?

Mir war immer klar, dass die ausserordentliche Lage mit all den Notrechtsmassnahmen nicht zu lange dauern durfte. Die politischen und gesellschaftlichen Spannungen wären sonst zu gross geworden. Folgerichtig musste man den Kantonen wieder stärker die Verantwortung übergeben. Sie waren dann etwa mit dem Contact-Tracing stark gefordert. Föderalismus ist ein wenig wie ein Fluss, der mäandert. Die Zusammenarbeit zwischen Kantonen und Bund ist nicht umfassend juristisch geregelt. Vieles ist organisch gewachsen. Die Persönlichkeiten und die Emotionen spielen auch eine wichtige Rolle. Nicht zuletzt deswegen sind die Beziehungen nicht immer gleich eng.

War dies der Grund, dass Sie für die Bekämpfung der zweiten Welle vorläufig auf die erneute Ausrufung der ausserordentlichen Lage verzichtet haben?

Nein. Bisher gelang es in der besonderen Lage, die Epidemie zu bekämpfen. Das Epidemiengesetz gibt dem Bund in der besonderen Lage weitreichende Kompetenzen. Neben dem starken Signal an die Bevölkerung war das Notrecht in der ersten Welle wichtig, um gesetzliche Lücken zu füllen – etwa für die Beschaffung von dringend nötigem medizinischem Material durch den Bund. Die Kompetenzen, die uns für die Bekämpfung dieser Epidemie noch gefehlt hatten, haben wir nun dank des Covid-Gesetzes erhalten. Es geht nicht, in Sonntagsreden den Föderalismus zu preisen und dann diesen bei erstbester Gelegenheit über den Haufen zu werfen. Hierfür braucht es sehr gute Gründe.

Ist Regieren per Notrecht eigentlich angenehm? Mir scheint es aus Sicht eines Bundesrats doch attraktiv zu sein, mit einem Federstrich Clubs und Schulen und Läden schliessen zu können. Fühlt man sich da nicht mächtig?

Das Notrecht erlaubt es dem Bundesrat, in Krisen sehr schnell zu handeln. Damit verbunden ist aber, dass man eine grosse Verantwortung trägt, die man – falls nötig – für einen Moment übernimmt, aber nicht für allzu lange. Ein weiterer für mich sehr gewichtiger Punkt ist: Es werden die normalen institutionellen Verhältnisse ausser Kraft gesetzt. Wenn man zu lange in einer solchen Situation verbleibt, wird es im Alltag rasch Umsetzungsprobleme bei Massnahmen des Bundesrats geben. Die Entscheide sind weniger durchdiskutiert und auf mögliche Schwächen abgeklopft. Die Kantone fühlen sich aus der Verantwortung entlassen. Ich habe diese Notrechtsperiode eher als schwierig empfunden, als menschlich belastend. Man spürt eine gewaltige Verantwortung auf sich lasten. Normalerweise ist diese in der Schweiz stark geteilt, es gibt ausführliche Ämterkonsultationen, das Parlament redet mit, man führt Vernehmlassungen durch, steht im Kontakt mit Verbänden. Das alles entfällt oder läuft viel schneller ab, wenn man mit Notrecht regiert. Unsere Staatsorganisation ist dafür nicht wirklich geschaffen, im Unterschied zu Ländern, die zentralistischere Strukturen kennen.

Dann finden Sie die Kritik verfehlt, der Bundesrat habe Gefallen am Notrechtregime und den damit verknüpften ausserordentlichen Machtbefugnissen gefunden und wolle sich deshalb nicht so rasch davon verabschieden?

Diese Kritikerinnen und Kritiker ziehen manchmal eine Parallele zur Situation nach dem Zweiten Weltkrieg, als das Notrechtregime erst vier Jahre nach Kriegsende aufgehoben wurde. Aber die Situation von damals unterschied sich deutlich von der jetzigen. Die Schweiz befand sich zum Glück nie im Krieg, das Notrecht kam schleichend und wurde auch nur zögerlich abgebaut. Die heutige Krise kam plötzlich. Es handelt sich um eine Pandemie, die auch ein Ende haben wird, das sich an objektiven Massstäben ablesen lässt. Wir sprechen also von einer klar begrenzten Periode. Ich persönlich war froh, als wir die ausserordentliche Lage für beendet erklärten.

Staatspolitisch schien mir bemerkenswert, dass sich eine Art Corona-Röstigraben in der Schweiz auftat. Im Welschland schien man stärker von der Pandemie betroffen zu sein als etwa in der Ostschweiz, weshalb dort das Verständnis für die einschneidenden Massnahmen des Bundesrats schwächer war. Teilen Sie diese Einschätzung?
Es war eher umgekehrt! Sicher waren die Westschweiz und das Tessin viel stärker durch die erste Welle betroffen als die Deutschschweiz. Dass die Bevölkerung in der Deutschschweiz die einschneidenden Massnahmen so gut umsetzte, sehe ich als ein Solidaritätssignal der Mehrheit gegenüber der Minderheit. Klar, die Massnahmen wurden sicher auch darum so bereitwillig umgesetzt, weil grosse Sorge herrschte. Viele haben Angst gehabt. Die deutschsprachige Schweiz scheint in diesem Moment verstanden zu haben, dass die Massnahmen eine ähnlich schlimme Situation wie im Tessin oder in der Waadt verhindern würden. Uns allen bleiben diese intensiven Wochen in Erinnerung als eine Zeit, in der sich unser Land als Gemeinschaft empfand und sich so verhielt.

Aber einer Ausgangssperre, wie sie im Welschland gefordert wurde, haben Sie als Romand dann doch nicht zugestimmt?
Ich beanspruche für mich, die Deutschschweiz einigermassen zu verstehen!

Sie sind ja auch Freiburger und leben nahe am Röstigraben.
Man sagt ja, bei den Freiburgern handle es sich um Deutschschweizer, die zufälligerweise Französisch sprechen. Spass beiseite: Ich war überzeugt, dass eine Ausgangssperre verheerend wäre. Der Schaden für die

Wirtschaft, der Schaden für die Gesellschaft wären viel zu gross gewesen. Menschen quasi einzusperren, das schafft ungeheure Spannungen. In der Westschweiz liess man sich anfänglich vielleicht etwas stark von Frankreich beeinflussen, wo solche Massnahmen in Kraft waren. Im März wurde eine Petition aus der Westschweiz, die eine Ausgangssperre forderte, von Tausenden unterzeichnet. Mehrere Westschweizer Regierungsrätinnen und -räte haben mich aufgefordert, diese Massnahme anzuordnen. Ich erschrak ein wenig, dass Menschen von der Regierung verlangen: Sperr mich und die anderen bitte zu Hause ein! In solchen Situationen muss man über Standfestigkeit verfügen. Diese Massnahme kam für mich überhaupt nicht infrage. Darauf erhielt ich bösartige Mails. Man drohte mir, wegen Unterlassung des Schutzes der Bevölkerung vor Gericht gezogen zu werden. Ganz einfach war das nicht.

TEIL 4

Die staatspolitischen Folgen
von Corona

Hat diese Krise längerfristig zur Folge, dass die Autorität und die Macht des Bundesrats gestärkt werden?
Unsere Institutionen sind stark und resistent gegen rasche Veränderungen. Aber die Krise hat gezeigt, dass sich die staatliche Organisation unter sehr speziellen Umständen an herausfordernde Umstände anpassen kann. Der Bundesrat hat die Führung übernommen und die Schweiz bisher durch diese schwierige Zeit geführt. Voraussetzung ist, dass die entsprechenden gesetzlichen Grundlagen vorhanden sind.

Der Verdacht oder auch die Hoffnung wird aber nicht selten geäussert, dass man auch den Kampf gegen die Klimaerwärmung nach dem gleichen Muster stark beschleunigen könnte. Nach dem Corona-Notstand der Klima-Notstand, der ebenfalls den Rückgriff auf das Notrecht erzwingen würde: Das müsste Ihnen doch im Hinblick auf das politische Programm Ihrer Partei gefallen?
Die Klimakrise lässt sich nicht mit der Corona-Krise vergleichen. Was die Klimapolitik betrifft, sprechen wir von Zielen, die in 20 oder 25 Jahren erreicht werden sollen. Es handelt sich um eine sehr langfristige Politik. Über Wachstumsprobleme oder die Umweltverschmutzung etwa spricht die Welt schon seit dem Bericht des Club of Rome von 1972. Eine Epidemie dagegen kommt plötzlich, man muss innert weniger Tage reagieren.

Sie sehen also absolut keine Gefahr, dass der Bundesrat plötzlich etwa sagt: Alle Autos bleiben ab morgen in der Garage!

Das geht doch nur schon darum nicht, weil dafür keine gesetzliche Grundlage vorhanden ist. Im Fall der Corona-Krise gibt es das Epidemiengesetz, das die juristische Basis für den Rückgriff auf das Notrecht schuf. Diese Voraussetzung fehlt in Bezug auf das Klima völlig. Es bliebe noch die Möglichkeit, solche Massnahmen mit der Notrechtsklausel in der Bundesverfassung zu begründen. Aber das scheint mir nun doch eine komische Idee zu sein.

Aber der Staat ist doch durch die Krise und die Notrechtsmassnahmen viel mächtiger geworden. Sollten Sie nicht die Gunst der Stunde nutzen?

Ich würde nicht sagen, der Staat habe grundsätzlich an Macht gewonnen. Die Stellung des Staats in der gesellschaftlichen Organisation verändert sich immer wieder, er wird mal stärker, mal schwächer. Nach dem Zweiten Weltkrieg etwa war der Staat sehr präsent. Danach folgte eine Gegenbewegung in den achtziger und neunziger Jahren des letzten Jahrhunderts, als man staatliche Kompetenzen etwa mit dem Instrument der Deregulierung abbaute. Stichwort: Mehr Freiheit, weniger Staat. Damals genoss der Staat nicht den besten Ruf. Mit der Corona-Krise hat sich das sicher wieder geändert. Jedermann konnte sehen, weshalb es den Staat braucht, dass dieser auch wirklich handlungsfähig sein muss, wenn das Land in einer schwierigen Situation steckt. Seine Reputation hat sich klar verbessert. Aber dagegen werden sich bald wieder Gegenstimmen zu Wort melden. Viele dieser Diskussionen um die Rolle des Staats sind dogmatischer Natur, was Stoff für interessante Diskussionen liefert. Aber es gibt dann auch die Realität. Und wenn diese in der Form einer Pandemie an die Tür klopft, ist häufig die Theorie nicht mehr so wichtig.

Also heisst die Losung jetzt: Mehr Staat und weniger Freiheit?

Da befinden wir uns bereits wieder auf der Ebene einer dogmatischen Diskussion. Praktisch sah es etwa so aus, dass mir Bürgerinnen und Bürger in den letzten Monaten persönlich schrieben, sie hätten bisher nie gewusst, weshalb man einen Staat und einen Bundesrat brauche. Doch die Corona-Krise habe ihnen das nun vor Augen geführt und habe sie zu einem Umdenken bewegt. Andere meinten, sie hätten von der Politik sowie den Politikerinnen und Politikern nie viel gehalten, doch das habe sich jetzt geändert. Ich vermute, dass es in den nächsten Jahren schwieriger sein wird, die Rolle des Staats pauschal zu kritisieren und schlechtzureden. Doch danach könnte das Pendel wieder in die andere Richtung umschlagen.

Ändert sich durch die Krise die Art und Weise, wie man Politik betreibt?

Das lässt sich derart generell noch nicht beurteilen, weil die Krise ja noch lange nicht ausgestanden ist. Es gibt im Moment einfach viel Nervosität im politischen Alltag. Diese Nervosität hilft nicht. Sicher verändert sich die Politik, wenn alle nervös sind. Man fordert hektisch dies und das, kritisiert dieses und jenes. Aber das ist alles sehr kurzfristig. Als Bundesrat muss man dann umso ruhiger bleiben und wissen, welches Ziel man längerfristig verfolgt.

Eine solidarischere oder unsolidarischere Gesellschaft?

Gehört nicht zu den gesellschaftlichen Folgen der Krise, dass sich die Spannungen zwischen den Generationen verstärkt haben? Viele Junge beklagten sich doch, dass sie die Einschränkungen im täglichen Leben nur wegen der Alten erdulden müssten.

Ich sehe das nicht als Generationenkonflikt, sondern als Ausdruck der wachsenden Individualisierung unserer Gesellschaft. Jeder fragt sich, was bedeutet Corona für mich persönlich? Was akzeptiere ich aus Solidarität mit anderen? Was nicht mehr? So gab es sicher sehr unterschiedliche Reaktionen auf die Massnahmen gegen die erste und zweite Welle, die zu einem guten Teil aus Sorge um die Gesundheit älterer Menschen erlassen wurden. Aber gerade zu Beginn der Krise schien mir die Solidarität unter den Generationen im Gegenteil gross zu sein. Jüngere haben Ältere im Alltag unterstützt. Erst mit der Zeit begann sich das etwas zu ändern, weil Jüngere etwa wieder in den Ausgang wollten.

Zeichnen Sie da nicht ein etwas zu positives Bild? Es gab doch Ökonomen, die uns auf Franken und Rappen vorgerechnet haben, wie viel Wert das Leben eines alten Menschen habe? Sie argumentierten, es sei unverhältnismässig, derartige finanzielle Opfer zu bringen, um einem 90-Jährigen noch zwei, drei zusätzliche Lebensjahre zu ermöglichen. Wer die durchschnittliche Lebenserwartung übertroffen habe, könne sich doch nicht beklagen, wenn ihn das Virus dahinraffe – Hauptsache, die Wirtschaft leide nicht zu stark und die persönliche Freiheit werde nicht zu sehr eingeschränkt.

Das steht in einem direkten Widerspruch zu unserer Bundesverfassung. Dort heisst es in der Präambel, «dass die Stärke des Volkes sich misst am Wohl der Schwachen». In der Corona-Krise sind neben den Personen mit Vorerkrankungen vor allem die älteren Menschen gemeint. Einfach zu sagen: Was wünschen die sich noch, die hatten doch ein gutes Leben, finde ich absolut inakzeptabel. Viele attestieren der Schweiz, dass das Land gut funktioniere, der Bevölkerung ein gutes Leben ermögliche, hohe soziale Sicherheit biete, eine starke Wirtschaft habe und gesunde Staatsfinanzen. Dieser Erfolg ist nicht einfach vom Himmel gefallen. Dafür hat die Generation unserer Eltern wie die Generationen davor hart gearbeitet. Als Dank dann zu sagen, ihr würdet besser abtreten, damit wir Jungen weniger von Einschränkungen betroffen sind und Partys feiern können, das geht gar nicht.

Sie haben einmal erwähnt, diese Krise habe das Bewusstsein für Risiko und Unsicherheit zurückgebracht, das viele Leute gänzlich verloren hätten. Handelt es sich dabei um ein momentanes Gefühl oder eine permanente Veränderung?

Der Schock der Pandemie ist noch lange nicht ausgestanden. Wir alle versuchen, mit der dadurch entstandenen Unsicherheit klarzukommen. Manchen Menschen gelingt dies nur mehr schlecht als recht. Wirklich längerfristige negative Auswirkungen befürchte ich für die Kinder. Homeschooling, Masken, Unsicherheiten und Stress bei den Erwachsenen, die Rede von Toten – all das dürfte nicht spurlos an ihnen vorbeigehen. Die Schliessung der Schulen verbessert die soziale Kohäsion unter den Schülerinnen und Schülern sicher nicht. Zudem werden sich die Unterschiede verstärken, weil Schulschliessung und Fernunterricht für Kinder und Jugendliche aus sozial benachteiligten Verhältnissen schwieriger zu verkraften sind als für die anderen.

Die Person Alain Berset in der Krise und danach

Wie hat sich die Corona-Krise für Alain Berset persönlich ausgewirkt?
Ich habe so viel gearbeitet wie noch nie zuvor. Als Bundesrat habe ich auch schon Perioden mit grosser Arbeitslast erlebt. Aber Corona ist in einer völlig anderen Dimension. Hätte man mir vorgängig gesagt, wie stark die Belastung sein würde, wäre meine Antwort gewesen: Das schafft man nicht. Aber so ging es vielen, niemand hatte eine Wahl. Die Krise war plötzlich da, und ich musste handeln. Dann ist man derart auf die konkrete Bewältigung von Problemen konzentriert, dass einem die Zeit fehlt, über die Belastung und deren Tragbarkeit nachzudenken.

Wo wohnten Sie während des Lockdowns der ersten Welle?
Von Ende Februar bis zum 9. April wohnte ich in Bern. Ich verliess die Stadt nur einige wenige Male für Besuche in den Kantonen. Seither versuche ich eine gewisse alte Normalität mit dem Pendeln nach Fribourg zu leben, wobei ich nun viel mehr in Bern bleibe als zuvor.

Haben Sie sich privat mit einem Vertrauten, einem persönlichen Berater, mit einer grauen Eminenz ausgetauscht? Ich stelle mir vor, dass das gerade vor schwierigen Entscheidungen hilfreich sein könnte.
Ich treffe mich eigentlich jeden Tag um 8 Uhr morgens mit meinem Team. Es handelt sich dabei um die engsten Mitarbeiterinnen und Mitarbeiter, acht Personen. Hier findet der Austausch statt, hier werden Probleme analysiert und Lösungen diskutiert.

Hier handelt es sich aber um professionelle Kontakte, die durch die Organisation des Departements vorgegeben sind. Haben Sie zuweilen nicht Ihre Frau angerufen und gesagt: Was soll ich da machen?
Ich habe in der Phase, als ich ausschliesslich in Bern wohnte, täglich mit meiner Familie telefoniert. Aber mit meiner Frau diskutiere ich nicht politische Entscheide. Ich will sie nicht in die Mitverantwortung ziehen.

Wie gehen Sie mit Druck um? Bereitet es Ihnen Mühe, kontroverse Entscheidungen zu treffen?
Ich verlasse mich häufig auf eine Mischung aus Fakten, Erfahrung und Intuition. Ich weiss, dass man Intuition kaum mit mir in Verbindung bringt. Viele halten mich wohl für einen rein rationalen Menschen, der bloss auf Zahlen vertraut. Aber ich höre auch in mich, spüre, ob die Zeit für gewisse Entscheidungen reif ist. Mit Druck komme ich gut zurecht, Entscheidungen zu treffen bereitet mir keine Mühe. In dieser Hinsicht handle ich nach dem Grundsatz: Natürlich ist es am besten, man entscheidet richtig. Am zweitbesten entscheidet man falsch, weil man dann immer noch korrigieren kann. Wirklich schlecht ist nur, wenn man nicht entscheidet. Dieses Problem kenne ich allerdings nicht. Ich entscheide gerne. Es ist die Menge der Arbeit, die Vielzahl der Entscheidungen, die zu fällen sind, was ich als grosse Belastung empfinde. Eine Zeit lang vermochte ich mich kaum zu erholen. Zuweilen wurde ich in der Nacht geweckt, weil etwas Wichtiges vorgefallen war. In der Anfangsphase gab es nach fünf, sechs Wochen Dauerarbeit Momente, in denen ich die Belastung auch physisch gespürt habe.

Haben Sie sich besser kennengelernt?
Ja sicher. Der Sport hat mir geholfen.

Haben Sie Sport getrieben?
Im Lockdown habe ich höchstens nächtliche Spaziergänge gemacht,

um nachzudenken und den Kopf zu lüften. Jetzt versuche ich wieder wie während normaler Bundesratszeiten zuweilen etwas Sport zu treiben – besonders an den Wochenenden. Früher war das anders. Im Alter zwischen 10 und 25 Jahren war ich sportlich sehr aktiv, als Leichtathlet und vor allem als 800-Meter-Läufer.

Das ist die härteste Disziplin, die man wählen kann!
Aber die Schönste! Der Sport hat mich viel über mich selbst gelehrt. Deswegen gelingt es mir besser, mit dieser Belastung umzugehen. Ich lernte durchzuhalten.

Was werden spätere Generationen über diese Krise denken?
Vielleicht, dass es die erste wirkliche globale Krise nach dem Zweiten Weltkrieg gewesen sei, die fast alle Menschen persönlich getroffen hat.

TEIL 5

Timeline

Die wichtigsten Daten
zur Corona-Krise aus der Sicht des
Departements des Innern

1. Januar 2020

In den Schweizer Medien beginnen sich Meldungen über eine mysteri-
öse Infektionskrankheit in Wuhan (China) zu häufen.

22. Januar

Im Rahmen des WEF in Davos trifft sich Bundesrat Alain Berset mit
Tedros Adhanom Ghebreyesus, dem Chef der Weltgesundheitsorganisation WHO. Thema ist der Ausbruch einer bisher unbekannten Infektionskrankheit in Wuhan und deren rasche Ausbreitung. Erstmals spricht
ein Bundesrat öffentlich über die Krankheit.

23. Januar

Innerhalb des Eidgenössischen Departements des Innern (EDI) wird
eine Taskforce Corona-Virus gebildet. Erste Massnahmen im Kampf gegen die Ausbreitung des Virus werden geprüft.

29. Januar

Das Bundesamt für Gesundheit bringt eine erste Aktennotiz über das
Virus und dessen Ausbreitung in den Bundesrat. Es ist zu diesem Zeitpunkt immer noch nicht klar, ob sich das Virus überhaupt direkt von

Mensch zu Mensch ausbreiten kann. Das BAG trifft erste Vorbereitungen für einen Ausbruch der Krankheit in der Schweiz und lässt etwa Konzepte für eine Hotline für die Bevölkerung oder für die Überwachung von Flughäfen erstellen.

12. Februar

Zweite Aktennotiz des BAG zuhanden des Bundesrats. Die Taskforce des BAG arbeitet nun rund um die Uhr. Schweizer Bürgerinnen und Bürger werden via Frankreich aus Wuhan evakuiert. Das BAG beurteilt die Haltung der WHO, dass nach wie vor keine Einschränkungen beim Transport von Personen oder Gütern notwendig seien, als unverständlich. Ein Konzept für Massnahmen beim Auftreten des ersten schweizerischen Corona-Falls liegt vor. Es steht auch fest, dass die Lagerbestände an Masken beschränkt sind. Substanzielle Mengen müssten beschafft werden.

19. Februar

Dritte Aktennotiz zu Corona im Bundesrat. Weltweit gibt es 80 000 Fälle, in Deutschland 16 und in Italien 2. Noch immer empfiehlt die WHO keine Reisebeschränkungen. Das BAG bezeichnet dies wiederum als unverständlich. Masken sind erneut ein Thema, weil es zu wenige davon gibt.

24. Februar

Erste Medienkonferenz von Bundesrat Alain Berset, der von einer «besorgniserregenden Situation» spricht. Zwar gebe es noch keine Fälle in der Schweiz. Aber Tests für Personen mit Symptomen würden intensiviert, die Hotline in allen Landessprachen würde ausgebaut und eine Informationskampagne an den Grenzen und Flughäfen gestartet.

25. Februar

Alain Berset reist nach Rom und trifft sich mit den Gesundheitsministern der Nachbarländer Italiens. In Italien explodieren die Fallzahlen. Auch der deutsche Gesundheitsminister Jens Spahn ist anwesend. Der erste Fall in der Schweiz wird vom Kanton Tessin gemeldet. Es handelt sich um einen 70-jährigen Mann, der vorher Mailand besucht hat.

26. Februar

Der Bundesrat beschliesst, Corona zu einem fixen Traktandum der Bundesratssitzung zu machen.

27. Februar

Das BAG startet eine gross angelegte Informationskampagne, um die Bevölkerung für die wichtigsten Hygiene- und Verhaltensregeln zu sensibilisieren. Die Kernbotschaft lautet: Hände waschen, ins Taschentuch oder in die Armbeuge niesen, bei Husten und Fieber zu Hause bleiben, Abstand wahren.

28. Februar

Sondersitzung des Bundesrats. Veranstaltungen mit mehr als 1000 Personen werden für die kommenden zwei Wochen verboten. Der Bundesrat ruft, gestützt auf das Epidemiengesetz, eine besondere Lage aus.

4. März

Alain Berset trifft sich mit den kantonalen Gesundheitsdirektorinnen und -direktoren, um mögliche Massnahmen zu besprechen.

5. März

Erster bestätigter Corona-Todesfall im Kanton Waadt.

6. März

Der Bundesrat legt seine Prioritäten im Kampf gegen das Virus fest. An erster Stelle steht der Schutz der Schwachen und gesundheitlich Gefährdeten. Die Eindämmung des Virus ist nicht mehr möglich, weshalb es jetzt um eine Minderung der Zahl der Ansteckungen geht. Die Armee mobilisiert 800 Soldaten, unter anderem zur Unterstützung des Kantons Tessin. Diskutiert werden auch die negativen wirtschaftlichen Folgen des Verbots von Grossveranstaltungen. Es gibt mittlerweile 100 bestätigte Fälle.

13. März

Der Bundesrat verbietet Veranstaltungen mit mehr als 100 Teilnehmenden. Auch Seilbahnen sind davon betroffen. Die Restaurants dürfen nur noch 50 Gäste empfangen. Die Schulen werden geschlossen; der Unterricht soll im Homeschooling erfolgen. An der Grenze kommt es zu Einreisebeschränkungen. Erste Massnahmen zur Unterstützung betroffener Firmen werden beschlossen. Die Kantone müssen genaue Statistiken über die Zahl von Betten auf Intensivstationen sowie die Zahl von Beatmungsgeräten liefern.

15. März

Der Bundesrat trifft sich am Sonntag zusammen mit Fachleuten zu einer Aussprache im «Bernerhof.» Das Parlament beschliesst, die Frühjahrssession abzubrechen.

16. März

Ausserordentliche Sitzung des Bundesrats. Er ruft eine ausserordentliche Lage gemäss Epidemiengesetz aus, was ihm die Hauptverantwortung im Kampf gegen die Pandemie auferlegt. Er erhält ausserordentliche Vollmachten. Restaurants und Läden werden geschlossen, mit Ausnahme derjenigen, die für die Versorgung der Bevölkerung wichtig sind. Alle nicht zwingend erforderlichen Operationen an den Spitälern werden verboten. 10 Milliarden werden für die Unterstützung betroffener Firmen gesprochen.

Am Abend findet ein Treffen des Bundesrats mit den Kantonen statt.

18. März

Der Bundesrat beschliesst eine Unterstützung für Selbstständigerwerbende durch die Erwerbsausfallversicherung. Er konsultiert dabei die Finanzdelegation der Eidgenössischen Räte. Besuche in Spitälern und Altersheimen werden verboten.

Am Abend findet eine Aussprache des Bundesrats mit wissenschaftlichen Experten statt.

20. März

Der Bundesrat beschliesst ein Verbot von Versammlungen mit mehr als fünf Teilnehmenden. Bauarbeiten sind weiterhin erlaubt, unter Beachtung von Sicherheitsmassnahmen. Die lateinischen Kantone verbieten diese dennoch vollständig. Es soll alles unternommen werden, um Tests und Schutzmaterial zu beschaffen. Die Zahl der Todesfälle steigt rasch an. Es werden Notkredite im Umfang von 40 Milliarden freigegeben.

23. März

Die Pandemie erreicht ihren vorläufigen Höhepunkt mit 1463 postiv getesteten Fällen an einem Tag.

25. März

Der Bundesrat zieht eine erste Bilanz: Die Schweiz testet mehr als alle anderen Länder der Welt. Meinungsumfragen zeigen, dass die Bevölkerung die Massnahmen des Bundesrats sehr deutlich unterstützt. Die Wirtschaft funktioniert noch zu 70 Prozent. Es gibt 9756 Fälle und 103 Corona-Opfer.

27. März

Der Bundesrat erlaubt den Kantonen, unter bestimmten Bedingungen von den Vorgaben des Bunds abzuweichen und etwa strengere Massnahmen zu treffen. Für das Tessin gelten bestimmte Sonderregeln, weil es hier besonders viele Fälle gibt.

31. März

Daniel Koch tritt als Chef der Abteilung Übertragbare Krankheiten ab. Er bleibt aber bis Ende Mai weiterhin als Chefkommunikator für Corona im EDI tätig.

1. April

Der Bundesrat tagt ohne Alain Berset, der sich wegen eines Corona-Falls im EDI nur telefonisch zuschaltet. Es werden Corona-Bestimmungen im Asylbereich und in der Landwirtschaft erlassen.

3. April

Der Bundesrat erlässt Sonderbestimmungen für die Durchführung von Generalsversammlungen grosser Unternehmungen. Campingplätze werden geschlossen. Sorgen macht er sich wegen einer möglichen Zunahme häuslicher Gewalt. Eine lang anhaltende Schönwetterphase erleichtert der Bevölkerung den Umgang mit den Restriktionen. Es werden 19 303 Fälle gezählt und 484 Tote.

8. April

Der Bundesrat beschliesst, die bestehenden Massnahmen um eine Woche bis nach Ostern zu verlängern. Gleichzeitig wird bekannt gegeben, dass erste Lockerungen ab dem 26. April vorgesehen sind, sofern die Disziplin der Bevölkerung über Ostern gut bleibt.

Von Osterferien im Tessin raten die Behörden dringend ab. Die Urner Kantonspolizei hält Autofahrer Richtung Süden auf und befragt sie zu ihren Reisemotiven und Reisezielen. Der Verkehr auf der Gotthardroute beträgt nur 10 Prozent des üblichen Verkehrsaufkommens über Ostern.

15. April

Alain Berset trifft die Vertreter der Kantone, um die bevorstehende Phase der Lockerungen zu besprechen.

16. April

Der Bundesrat beschliesst eine Lockerung der Schliessungsmassnahmen in drei Schritten. Diese sollen am 27. April, 11. Mai und 8. Juni erfolgen. Er diskutiert einmal mehr das Problem der Masken und deren Bedeutung für die Bekämpfung der Pandemie.

22. April

Der Bundesrat will nach wie vor keine allgemeine Maskentragpflicht einführen. Er begründet dies damit, dass es sonst zu einer Vernachlässigung der Hygieneregeln kommen könnte. Masken könnten in jenen Branchen zum Einsatz kommen, die demnächst wieder öffnen. In diesen Fällen sind die Branchenverbände für spezifische Schutzkonzepte verantwortlich. Die Regierung beschliesst Notkredite auch für Jungunternehmen und Start-ups. Gewisse Lockerungen in Bezug auf das Angebot von Läden, die wieder öffnen konnten, werden rückgängig gemacht, um Wettbewerbsverzerrungen zu verhindern. So konnten etwa Grossverteiler Blumen verkaufen, während die Blumenläden noch geschlossen bleiben mussten.

Man zählt 28 186 Fälle und 1017 Tote.

26. April

Der Bundesrat trifft sich mit Vertreterinnen und Vertreter der Tourismusbranche zu einem Krisengipfel. Am gleichen Tag erfolgt auch eine Aussprache mit den Sozialpartnern.

27. April

Erste Öffnungen: Gartencenter, Coiffeurläden, Kosmetikstudios. Den Spitälern sind wieder alle Operationen erlaubt.

29. April

Der Bundesrat gibt bekannt, dass am 11. Mai die Restaurants, Schulen,

Warenhäuser und Museen wieder öffnen können. Veranstaltungen mit mehr als 1000 Personen bleiben aber bis zum 31. August verboten. Künftig soll der Kampf gegen eine Ausbreitung des Virus auf einer App und dem Contact Tracing beruhen. Im Weiteren werden Lockerungen beim Sport und Erleichterungen für den Grenzübertritt beschlossen.

1. Mai
Der Bundesrat diskutiert an einer Sitzung die Antworten auf die enorme Zahl von Vorstössen, die vonseiten der Parlamentarierinnen und Parlamentarier im Hinblick auf eine bevorstehende Sondersession des Parlaments eingereicht worden sind.

4. /5. Mai
Sondersession des Parlaments zu Corona. Die Massnahmen des Bundesrats finden breite Unterstützung. Das Parlament will sich aber gegen den Willen des Bundesrats mit der Frage beschäftigen, mit welchen Erleichterungen Mieterinnen und Mieter von kommerziellen Laden- oder Büroflächen rechnen dürfen. Ebenso wünscht es eine Unterstützung von Krippen, die wegen Corona weniger Einnahmen verzeichneten. Dafür werden 65 Millionen gesprochen.

7. Mai
Der Bundesrat trifft sich mit einer Vertretung der Detailhändler.

8. Mai
Die Schweiz verzeichnet 30 330 Erkrankungen und 1564 Todesfälle.

13. Mai
Der Bundesrat schafft eine rechtliche Basis für eine Versuchsphase mit einer Corona-App. Er verlängert die Unterstützung für die Kulturschaffenden und modifiziert die Finanzhilfe für die Krippen. Erstmals diskutiert er auch Hilfsmassnahmen für den Sport.

19. Mai

Der Bundesrat trifft sich mit Vertretern verschiedener Kirchen zu einer Aussprache.

20. Mai

Der Bundesrat erlaubt den Kirchen die Wiedereröffnung der Gotteshäuser per 28. Mai. Er diskutiert erstmals über eine mögliche Impfstrategie.

24. Mai

Zum zweiten Mal trifft sich der Bundesrat mit Vertreterinnen und Vertreter der Tourismusbranche.

27. Mai

Der Bundesrat fasst Beschlüsse zum dritten Lockerungsschritt, insbesondere im Zusammenhang mit dem Tourismus. Er kündigt das Ende des Notrechtregimes per 19. Juni an. Vom 30. Mai an dürfen wieder Versammlungen mit bis zu 30 Personen stattfinden. Kinos und Theater dürfen wieder bis zu 300 Zuschauende zulassen, sofern sie registriert sind. An der Empfehlung, im Homeoffice zu arbeiten, hält er aber fest.

8. Juni

Beginn der Sommersession der Eidgenössischen Räte, die in den Räumlichkeiten der Messe Bern stattfindet. Eine Flut von Anfragen zur Corona-Krise muss beantwortet werden.

19. Juni

Der Bundesrat fasst Beschlüsse zur vierten Lockerungsetappe, die am 22. Juni beginnt. Die Vorschriften zum Social Distancing werden angepasst. Statt 2 Metern sind jetzt nur noch 1,5 Meter nötig. Veranstaltungen bis zu 1000 Teilnehmenden sind wieder möglich. Es gibt keine Einschränkungen für Demonstrationen. Allerdings besteht dort Maskenpflicht. Der Sonderschutz für Schwache und Alte wird aufgehoben. Die «Ausserordentliche Lage» gemäss Pandemiengesetz wird beendet. Es herrscht fortan die «Besondere Lage», was die Kantone zu den zentralen Verantwortungsträgern im Kampf gegen Corona macht. Konsequenterweise hebt der Bundesrat seinen Krisenstab auf.

Die Schweiz zählt 31 217 Ansteckungen und 1680 Tote.

24. Juni
Der Bundesrat beschliesst, die Kosten für sämtliche Tests zu übernehmen. Die gesetzliche Basis für die Verwendung der Corona-App wird geschaffen.

29. Juni
Startschuss für eine neugeschaffene Corona-Koordinationsgruppe Bund-Kantone.

1. Juli
Im öffentlichen Verkehr besteht fortan eine Maskenpflicht. Rückreisende aus Risikogebieten müssen in eine zehntägige Quarantäne.

2./3. Juli
Der Bundesrat diskutiert Corona im Rahmen einer zweitägigen Klausur.

14. Juli
Alain Berset ist von Präsident Macron zu den Feierlichkeiten für den französischen Nationalfeiertag eingeladen. Er trifft sich mit dem französischen Gesundheitsminister Olivier Véran zum Frühstück. Anwesend sind auch die Vertreter von Deutschland, Österreich und Luxemburg sowie der Chef der WHO, Tedros Adhanom Ghebreyesus.

12. August

Das Verbot von Veranstaltungen mit mehr als 1000 Teilnehmenden wird bis zum 30. September verlängert. Die Kantone erhalten aber gewisse Freiheiten, fortan Veranstaltungen zu untersagen, die aus Sicht der Seuchenbekämpfung als risikobefrachtet betrachtet werden. Der Bundesrat wünscht Verbesserungen bei den Tests. Der Zugang soll erleichtert werden und die Resultate sollen schneller vorliegen. Einreisende Diplomaten müssen nicht in die Quarantäne, egal, woher sie kommen.

14. August

Der Bundesrat trifft sich mit den Sportverbänden.

20. August

Pascal Strupler, der Direktor des BAG, tritt in den Ruhestand. Die neue Direktorin Anne Lévy nimmt die Arbeit auf.

31. August

Treffen mit den Leistungserbringern, dem Spitalverband H+ sowie Vertreterinnen und Vertreter der Tourismusbranche (3. Tourismusgipfel).

2. September

Die Kriterien für Veranstaltungen mit mehr als 1000 Personen, die ab dem 1. Oktober möglich sind, werden definiert. Das gilt insbesondere für Fussball- und Hockeyspiele.

Die Fallzahlen belaufen sich auf 42 763, Todesfälle gibt es 1727. Die Zahl der Ansteckungen steigt nun wieder leicht an.

7. September

Beginn der Herbstsession der Eidgenössischen Räte. Ein Thema sind Unterstützungsmassnahmen für Kulturschaffende und Kulturveranstalterinnen und - veranstalter.

11. September

Der Bundesrat beschliesst, die Quarantänevorschriften flexibel anzuwenden und etwa die Grenzgänger-Regionen grundsätzlich davon auszuklammern.

18. September

Die Zahl der Neuansteckungen steigt auf 488 Fälle.

22. September

Treffen mit der Nationalen Covid-19-Taskforce, einem unabhängigen Experten-Gremium.

24. September

Alain Berset hält die Eröffnungsrede am Zurich Film Festival. Es handelt sich um die erste Grossveranstaltung seit dem Ausbruch der Corona-Krise.

25. September

Der Bundesrat diskutiert seine Impfstrategie.

7. Oktober

Die Zahl der Neuinfektionen steigt erstmals wieder über 1000. Fast zehn Prozent der Tests zeigen eine Erkrankung an. Im BAG ist man besorgt über diese Entwicklung und ruft Warnstufe orange aus.

14. Oktober

Es werden 2823 Neuansteckungen registriert. Die Positivitätsquote beträgt 13,6 Prozent aus einer Gesamtmenge von 20 704 Tests.

Treffen des Bundesrats mit den Gebirgskantonen, Tourismusvertretern und Bergbahnbetreibern.

16. Oktober

Die Expertenkommission gibt bekannt, dass die Frist für eine Verdoppelung der Fallzahlen innert kürzester Frist auf eine Woche gesunken ist. Der Bundesrat beschliesst eine ausserordentliche Sitzung für den 18. Oktober.

18. Oktober

An einer ausserordentlichen Sitzung beschliesst der Bundesrat zahlreiche Massnahmen, darunter eine Maskenpflicht für alle geschlossenen Räume, eine Obergrenze für Versammlungen bei 15 Personen, Beschränkungen in Restaurants. In der Öffentlichkeit sind Menschengruppen mit mehr als 15 Personen verboten.

Einzelne Kantone ergreifen zusätzliche Massnahmen. So verbietet etwa der Kanton Bern Sportanlässe mit über 1000 Zuschauern.

Es gibt 3392 neue Ansteckungen, die Zahlen der Toten beginnt leicht anzusteigen, ebenso diejenige der Spitaleinweisungen.

Bundesrat Alain Berset sagt: Die zweite Welle ist da.

28. Oktober

Der Bundesrat verschärft die Massnahmen weiter. Discos werden geschlossen, Restaurants müssen um 23 Uhr schliessen und dürfen nur noch vier Personen an einen Tisch setzen. Familienfeste sollten nicht mehr als 10 Personen zählen, Hochschulen müssen wieder auf Fernunterricht umstellen, die Maskentragpflicht umfasst jetzt auch geschlossene Arbeitsräume sowie stark frequentierte öffentliche Bereiche (Strassen und Plätze). Die Reisebestimmungen werden geändert. Die meisten Ländern werden von der Quarantäneliste gestrichen, weil die Schweiz international zu den Staaten mit den meisten Ansteckungen zählt.

Das BAG ruft die interne Warnstufe rot aus.

Es werden 8616 neue Fälle gemeldet. Die Positivitätsrate beträgt 28 Prozent. 149 Personen werden hospitalisiert.

30. Oktober bis 3. November
Verschiedene Kantone vor allem in der Westschweiz erlassen zahlreiche weitere, teilweise drastische Einschränkungen.

4. November
Der Bundesrat beschliesst eine Teilmobilisierung der Armee zur Unterstützung der Kantone für die Bekämpfung des Corona-Virus. Er gibt eine Härtefallregelung zwecks Abfederung negativer wirtschaftlicher Folgen der Pandemie in die Vernehmlassung. Dabei will sich der Bund mit 50 Prozent an den Kosten der kantonalen Hilfsprogramme beteiligen.

Die Zahl der Neuansteckungen klettert auf 10 073. Spürbarer Anstieg der Todesfälle: Die Schweiz verzeichnet nun 2275 Corona-Tote.

11. November
Der Bundesrat erhöht den Kredit für die Beschaffung eines Covid-19-Impfstoffs um 100 Millionen auf 400 Millionen Franken. Er setzt dabei auf mehrere Hersteller. Eine verbindliche Reservierung besteht mit dem deutschen Unternehmen Biontech und dem Pharmakonzern Pfizer, die gemeinsam wenige Tage zuvor einen Durchbruch bei der Impfstoff-Entwicklung bekannt gegeben haben. Zudem hat der Bund Verträge mit der Firma Moderna über eine Lieferung von 4,5 Millionen Impfdosen und mit dem Pharmakonzern Astrazeneca über eine Lieferung von 5,3 Millionen Dosen abgeschlossen.

Erste Impfungen dürften im ersten Halbjahr 2021 durchgeführt werden. Bundesrat Berset sagt auch, es gebe keinen Impfzwang.

Die Zahl der Ansteckungen sinkt leicht auf 8270 Fälle, die Zahl der Todesfälle steigt auf 2769, diejenige der Hospitalisierungen auf 304. Im Welschland sind einzelne Intensivstationen gänzlich belegt. Patienten werden in Spitäler der deutschen Schweiz verlegt.